GCSE BITESIZE revision

Check and test

French

Harriette Lanzer

Published by BBC Educational Publishing, BBC White City, 201 Wood Lane, London W12 7TS.

First published 2001

© Harriette Lanzer/BBC Worldwide (Educational Publishing), 2001. All rights reserved.

Photo credits: page 33 © Pictor International Ltd (girl), © Stone 2000 (boy); page 40 (1) © Renzo Mancini/The Image Bank (2) © Pictor International Ltd (3) © Vicky Kasala/The Image Bank; page 67 © Stuart Franklin/Allsport; page 72 © Rex Interstock Ltd (boy), © Pictor International Ltd (girl).

ISBN: 0 563 54353 1

No part of this publication may be reproduced, stored in any form or by any means mechanical, electronic, recording or otherwise without prior permission of the publisher.

Colour reproduction by Spectrum Colour, England

Printed and bound by Poligrafico Dehoniano, Italy

Contents

About GCSE Bitesize

GCSE Bitesize is a revision service designed to help you achieve success in your exams with books, television programmes and a website at

www.bbc.co.uk/education/revision.

It's called Bitesize because it breaks revision into bite-sized chunks to make it easier to learn.

How to use this book

This book explains and tests the **100 essential things** you need to know in order to succeed in GCSE French. It provides:

- the key vocabulary you need in the 'Check the vocab' section

- activities to test your understanding in the 'Test yourself' sections

- key grammatical points with simple explanations and questions to test yourself on.

Use this book to check your understanding of GCSE French.

If you can prove to yourself that you're confident with these key ideas, you'll know that you're on track with your learning.

You can use this book to test yourself:

- during your GCSE course

- at the end of the course during revision.

As you revise you can use Check and Test French in several ways:

- as a summary of the essential information you need to understand

- to check your revision progress: test yourself to see which topics you're confident with

- To keep track and plan your time:

- you know how much time you have left to revise in

- you know how many topics you need to cover

- aim to check and test a set number of topics each time you revise.

Make sure you know which topics are included in your syllabus – there will be some topics in this book that you don't need to cover.

GCSE Bitesize revision materials

📖 *GCSE Bitesize Revision: French* contains the key information and skills you need to revise, plus lots of tips and practice questions to help you improve your results. GCSE Bitesize Revision: French ISBN: 0 563 46123 3

🌐 The GCSE Bitesize Revision: French website, which can be found at **www.bbc.co.uk/education/revision**, provides even more explanations and practice to help you revise.

💿 CD-ROM: The GCSE Bitesize French CD-ROM takes you through your exam texts and provides a helpful commentary on the important things you should know, plus lots of practice questions, with answers, so you can test yourself. CD-ROM ISBN: 0 563 54279 9

The French exam

You will be entered for examination at one of two levels: Foundation or Higher. The **h** symbol in this book indicates the information and questions that only need to be covered by Higher Level entrants.

Remember, you've got listening, reading, writing and speaking exams to think about. Look at sections 2 to 5 for more details on each part of the exam. Check with your teacher what tasks your syllabus demands.

Here are a few final suggestions to help you in the exam:

- When you get into the exam room, have a quick look through the whole paper to see what you have to do.

- In the reading and writing exams, don't spend too long on one section and run out of time to finish all the sections.

- If something seems too difficult, leave it and continue with other questions – you can go back over difficult questions later.

- Don't leave gaps. You can't gain any marks if you don't give an answer.

- Read carefully *what* you have to do in each question, e.g. tick **four** boxes, answer in **English**, answer in **French**. You may lose marks if you don't read and follow the instructions carefully.

- Remember that the exam gives you an opportunity to show the examiner what you know, understand and can do – so try and do just that!

Good luck!

Check the vocab

These are the main instructions (rubrics) that you may see at the beginning of exercises in the GCSE exam. They tell you what you are expected to do for each question. In your exam, instructions may be given in the **vous** or **tu** form – check with your teacher which one your exam board uses.

If you need more explanations of the questions in the 'Test yourself' sections, look at the answer section at the back of the book.

Choisissez (Choisis) la bonne réponse dans la liste.	*Choose the correct answer from the list.*
Cochez (Coche) la bonne phrase.	*Tick the correct sentence.*
Cochez (Coche) la bonne case.	*Tick the correct box.*
Complétez (Complète) (les phrases) en français.	*Complete (the sentences) in French.*
Décrivez (Décris) . . .	*Describe . . .*
Ecoutez (Ecoute) . . .	*Listen . . .*
Ecrivez (Ecris) environ 100 mots.	*Write about 100 words.*
Ecrivez (Ecris) une phrase.	*Write a sentence.*
Ecrivez (Ecris) les détails.	*Write the details.*
Ecrivez (Ecris) la bonne lettre.	*Write the correct letter.*
Ecrivez (Ecris) P (positif), N (négatif) ou P+N (positif et négatif).	*Write P (positive), N (negative) or P+N (positive and negative).*
Ecrivez (Ecris) les lettres (A, B, C ou D) dans le bon ordre.	*Write the letters (A, B, C or D) in the right order.*
Ecrivez votre (Ecris ton) avis avec vos (tes) raisons.	*Write your opinion with your reasons.*
Expliquez (Explique) . . .	*Explain . . .*
Faites (Fais) correspondre les images aux mots.	*Match the pictures to the words.*
Faites (Fais) une liste (de vêtements) en français.	*Write a list (of clothes) in French.*
Faites (Fais) un résumé.	*Write a summary.*
Identifiez (Identifie) les phrases vraies.	*Identify the true sentences.*
Indiquez (Indique) si les phrases sont vraies (V) ou fausses (F) ou si on ne sait pas.	*Indicate whether the sentences are true (V), false (F) or if you can't tell.*

Lisez (Lis) le texte.	*Read the text.*
Lisez (Lis) la lettre	*Read the letter.*
Lisez (Lis) l'exemple.	*Read the example.*
Lisez (Lis) les phrases suivantes.	*Read the following sentences.*
Mettez (Mets) (les illustrations) dans le bon ordre.	*Put (the pictures) in the right order.*
Mentionnez (Mentionne) (trois détails).	*Mention (three details).*
Notez (Note) . . .	*Note . . .*
Regardez (Regarde) cette publicité.	*Look at this advert.*
Regardez (Regarde) ces illustrations.	*Look at these pictures.*
Remplissez (Remplis) la grille en français/anglais.	*Fill in the grid in French/English.*
Répondez (Réponds) aux questions en français.	*Answer the questions in French.*
Soulignez (Souligne) . . .	*Underline . . .*
Traduisez (Traduis) ces phrases en français.	*Translate the sentences into French.*
Trouvez (Trouve) la bonne réponse.	*Find the correct answer.*
Utilisez (Utilise) les mots dans la liste ci-dessous.	*Use the words in the list below.*
Qu'est-ce que cela veut dire?	*What does that mean?*

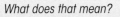

Test yourself

Traduisez ces phrases en anglais.

a) Fais correspondre les images aux mots.

b) Complétez les phrases en français.

c) Choisissez la bonne réponse dans la liste.

d) Indique si les phrases sont vraies ou fausses.

e) Remplissez la grille en anglais.

f) Regarde ces détails.

g) Ecrivez dix phrases.

h) Lis cette publicité.

The exam

Check the facts

Exam tips

- You will probably have reading time before the tape is played, so use this wisely. **Read through the questions** and start thinking about the sorts of topics and words that you might hear on the tape.

- **You will hear each recording twice**, so don't panic if you don't get all the answers down the first time. Just leave a gap and then go back to those gaps when the tape is played for a second time.

- **Work out a system of note-taking before you go into the exam**. So, for instance, if you hear *Mon père a 45 ans,* you could just note *père 45.* You can always go back to your notes and write them as proper answers after the tape has finished.

- **Use pictures or symbols as you take notes**, for instance:

- **Listen out for the tone of the speaker's voice** to give you a clue as to meaning. He or she might sound happy, sad or cross.

- Most of your answers in the listening exam will be short. If the questions on the paper are **in French, answer in French** and if they are **in English, answer in English**, unless the paper tells you differently.

- In the exam you'll probably have to tick boxes in some exercises – **always tick an answer**, as even a guess at the end might score a mark, whereas a blank box won't score anything.

Test yourself

- Try to listen to as much French as you can before the exam. See if you can access French radio or television programmes, or maybe you can find some spoken French via the Internet. Try **www.wanadoo.fr**, which has lots of links.

- Ask your teacher if you can borrow the tapes from your school course book to listen to.

- See if your local library or school has got a French video you could borrow to watch and listen to.

- If you've got a French-speaking penfriend, ask him/her to send you tapes on specific topics, such as his/her school, family or local customs.

Check the facts

Exam tips

- **Don't spend all your time on the first question** and not have time to finish the paper.

- **Read the instruction for each exercise very carefully** to make sure that you're answering in the correct way. Don't assume that you know what the task is before you've read the instruction thoroughly.

- If the questions on the paper are **in French, answer in French** and if they are **in English, answer in English**, unless the paper tells you differently.

- If the exercise says **tick four things, do just that** – don't tick five or six.

- If it is a lengthy reading passage, **read it through once to get the gist** of it before working on the actual questions.

- **Watch out for the tenses** in the reading passages and answer accordingly. You'll come across present, past and future tenses, so go into the exam prepared to recognise these.

- In the **Higher paper**, there will be some unfamiliar vocabulary that you'll have to cope with, but don't panic. Look carefully – does the word look like an English word? Is there a picture on the paper to help you? Can you guess its meaning from the rest of the text or the exercise questions? Do you really need to know that word, or can you complete the exercise without knowing it?

Test yourself

- Try to read as much French as you can before the exam. The Internet has a limitless supply of up-to-date texts and articles on a whole variety of topics. A good starting point is a search engine **(http://fr.yahoo.com)**, where you'll find a list of topic areas and their links.

- Read back over the work you have done in class and see how much you can understand.

- Borrow French stories or course books from your teacher or library to read at leisure.

- If you have a French-speaking penfriend, ask him or her to write to you in French or send you French comics and magazines and see if you can understand them.

Check the facts

Exam tips

- Your written tasks for **Foundation level** could include completing a list of words (i.e. clothes, shops, hobbies), writing a short message and writing a postcard or letter. **Higher level** candidates will also be asked to write a more descriptive and imaginative piece.

- **Make sure you know exactly what the question is asking and answer accordingly.** Don't write about a topic that you are familiar with and forget about the task you were actually asked to do.

- **You will need to use the present, past and future tenses** to get a good grade. Try to find a way to incorporate these into your written work so that you can show the examiner what you know.

- After you've completed your tasks, **check your spelling, accents and grammar** (word order, genders, adjective agreements, tenses).

- **Check that your handwriting is legible** and that your written work makes sense.

Coursework

- If you've chosen to do coursework instead of the written exam, **make sure the work you submit is neatly presented** (typed up on a computer if permitted) and grammatically correct.

- Before you submit your work, **check that all parts of the task have been completed.**

- While writing, try to **include plenty of descriptions** by using adjectives.

- **Give an opinion on the topic wherever possible** (see pages 14 and 15), *A mon avis . . .; Je trouve . . .*

- **Add some reasons in your text** by lengthening sentences to include *parce que . . .*

- **Make sure that your sentences are varied in style**. Don't just write short sentences, but make them longer by using conjunctions (see page 89) – *mais, et, ou, quand.*

- **Make sure that you have included sentences in the past tense as well as the present**. Try to add some sentences about what will happen in the future too – this will help you to get the top grades.

Test yourself

- Try to write as much French as you can before the exam. Do the *A toi!* sections in this book and ask your teacher to check them for you. Type them up on a computer, if you can, then print out a final corrected version to revise from.

- If you have a French-speaking penfriend, write a letter or send an email and ask him or her to point out any errors in your work or ways you could make it more interesting.

- See if you can get into a French chatroom on the Internet and make a contribution.

The speaking exam

Check the facts

Revision tips

- Practise speaking out loud in French and record yourself onto tape to see what you sound like.
- Try to record some of your *A toi!* sections in this book onto tape and learn them off by heart as a presentation.
- Make sure that you know the French alphabet before the speaking exam.

Exam tips

- In the exam, you will probably have to do a role-play, have a discussion on a topic or give a presentation, and answer some general conversation questions. Check what your syllabus requires you to do.
- Address the examiner as *vous* throughout the exam and always speak clearly.
- Your exam will be recorded onto tape so it's no good gesturing or miming your answers.
- Try to use good French pronunciation.
- Try to give answers to questions in longer sentences and give as many details as possible.
- If you don't understand something, just ask politely: *Pardon?* or *Pouvez-vous répéter ça, s'il vous plaît?*
- If you can't think of the French word you want to say, try to think of another way of saying it. For example, if you can't remember the French for 'only child', just say that you don't have any brothers or sisters.
- Make sure you use the present, past and future tenses in the speaking exam. This will help you to score the top grades.

The presentation

- Prepare your presentation well – make sure that your teacher checks it and then learn it correctly by heart.
- Make sure you use the present, past and future tenses and include opinions wherever possible.
- Tape your presentation and listen to it to check your pronunciation.
- Make sure the presentation is the correct length and don't rush it – speak slowly and clearly.

Check the facts

- Carry this book with you wherever you go, so that you can test yourself on French words and phrases.

- Ask a friend or a member of your family to help you learn vocabulary by testing you or learning with you.

- Cover the French column in the 'Check the vocab' section and look at the English. Write the French equivalent down. Check carefully that you have got it all right and make any spelling corrections needed.

- Cover the English column in the 'Check the vocab' section and say the English as you look at the French column. Check that you have got it all right.

- Copy out words and phrases that you have difficulty with, but remember to always check the spellings.

- Say five French words or three phrases out loud every morning before you get out of bed (or before you go to bed, if you're not a morning person!). Choose a different topic for each day, such as shopping, food, sport or clothes.

- Make learning cards by drawing or sticking pictures on pieces of card. Or, write the French phrase on one side and the English on the other.

- Record the words onto tape. It's often easier to remember words if you say them out loud.

Test yourself

Comment ça se dit en anglais? Apprenez ces verbes en utilisant des idées sur cette page.

Exemple: a) to read

a) lire
b) écrire
c) discuter
d) bavarder
e) comprendre

f) parler
g) demander
h) raconter
i) dire
j) téléphoner

A toi! Learn ten items of vocabulary each day and then test yourself on them regularly over a month. Try out each of the suggestions above to help you and then choose the best method(s) for you.

The exam

BBC GCSE Check and Test: French

General vocabulary

Check the vocab

Positive opinions

Bonne idée.	*Good idea.*
J'aime ça.	*I like that.*
Je veux bien faire ça.	*I'd like to do that.*
Ça me fait rire.	*It/That makes me laugh.*
Ça va.	*It's/That's OK.*
C'est bon.	*It's/That's good.*
D'accord.	*OK. (I agree.)*
Entendu.	*Agreed.*
Avec plaisir.	*With pleasure.*
Bof!	*So what! (I'm not bothered/impressed.)*
Ça dépend.	*It/That depends.*
C'est formidable/magnifique/super.	*It's great.*
C'est intéressant/passionnant.	*It's interesting/exciting.*
C'est (mon jeu) favori.	*It's my favourite (game).*
C'est (un film) sensass/super.	*It's a brilliant/great (film).*
J'adore/J'aime (nager).	*I love/I like (swimming).*
Je préfère (jouer au golf).	*I prefer (playing golf).*

Negative opinions

Je n'aime pas ça.	*I don't like that/it.*
J'en ai marre.	*I'm fed up with that/it.*
Ça ne me dit rien.	*I'm not interested.*
Ça ne va pas.	*It's not OK.*
C'est barbant/ennuyeux.	*It's boring.*
C'est moche.	*It's ugly/lousy.*
Je déteste (lire).	*I hate (reading).*

Test yourself

Donnez une opinion sur ces choses.

Exemple: a) Je trouve la natation ennuyeuse.

a) la natation ☹
b) la chimie ☺
c) le cinéma ☺
d) les chiens ☹
e) les romans romantiques ☺

f) les profs ☹
g) aller à la piscine ☺
h) Londres ☺
i) aller chez le médecin ☹
j) les devoirs ☹

www.bbc.co.uk/revision

A toi! Write down five ways of giving a positive opinion and five ways of giving a negative opinion. Check your sentences with your teacher and learn them off by heart.

Check the vocab

à mon avis	*in my opinion*
au contraire	*on the contrary*
par contre	*on the other hand*
toutes choses considérées	*all things considered*
c'est-à-dire	*that's to say*
surtout	*especially*
vraiment	*really*
c'est dommage	*it's a pity*
Je crois/pense/trouve que (la peine de mort est juste).	*I believe/think/find that (the death penalty is fair).*
Je suis contre/pour (la peine de mort).	*I'm against/for (the death penalty).*
Il faut examiner les avantages et les inconvénients.	*One has to look at the advantages and disadvantages.*
Pour commencer, il serait utile de (lister les faits).	*To start with it would be useful to (list the facts).*
La difficulté ne cesse pas d'augmenter.	*The difficulty keeps getting worse.*
C'est un problème difficile à résoudre.	*It's a difficult problem to solve.*
Il faut discuter de ce problème grave.	*One has to discuss this serious issue.*
On peut le considérer comme optimiste ou pessimiste.	*One can look at it as an optimist or pessimist.*

General vocabulary

Test yourself

Lisez les phrases. Ces personnes, sont-elles pour (P) ou contre (C) la peine de mort? Exemple: a) C

a) Je suis contre la peine de mort parce que c'est barbare.

b) A mon avis, la peine de mort est une punition juste pour les assassins.

c) Je suis pour la peine de mort parce que si on a commis un crime odieux, on doit mourir soi-même.

h

d) Toutes choses considérées, la peine de mort n'est pas juste.

e) D'abord, on pourrait, par erreur, condamner un innocent à mort. Et ça, c'est très grave.

f) A mon avis, la chaise électrique n'est pas une solution pour punir les criminels.

A toi! Choose six of the expressions from the 'Check the vocab' section to learn off by heart. Make sure that you use them when you do the A toi! tasks in this book.

BBC GCSE Check and Test: French

General vocabulary

Check the vocab

qui?	who?
quoi?	what?
qu'est-ce que ...?	what ... ?
quand?	when?
quel/quelle?	what/which?
où?	where?
pourquoi?	why?
comment?	how? what like?
combien?	how many?
qu'est-ce que c'est, ...?	what is it ... ?
Tu as un chien?	Have you got a dog?
Il aime les pizzas?	Does he like pizza?
Tu as joué au golf?	Did you play golf?
Est-ce que tu as un chien?	Have you got a dog?
Est-ce qu'il aime les pizzas?	Does he like pizza?
Est-ce que tu as joué au golf?	Did you play golf?
As-tu un chien?	Have you got a dog?
Aime-t-il les pizzas?	Does he like pizza?
As-tu joué au golf?	Did you play golf?
Tu as un chien, n'est ce pas?	You've got a dog, haven't you?

Test yourself

Posez les questions.

Exemple: a) (*examples*) Tu as un chat? Est-ce que tu as un chat? As-tu un chat? Tu as un chat, n'est-ce pas?

a) Tu as un chat.

b) Vous habitez en France.

c) Tu aimes les films dramatiques.

d) Il joue au football le week-end.

e) Son père est facteur.

f) Ils détestent aller à l'école.

g) Elle a trouvé son sac.

h) Tu as visité le château.

i) Elles ont mangé des glaces.

j) Il a trouvé un emploi.

www.bbc.co.uk/revision

 A toi!

Write at least ten questions for a partner using the question words from the 'Check the vocab' section. Swap the questions with your partner and answer them.

Check the vocab

Paris, le 12 novembre	*Paris, 12 November*
Cher ... *(to a boy)*	*Dear ...*
Chère ... *(to a girl)*	*Dear ...*
Salut X!	*Hello X!*
Ton ... *(for masculine, singular nouns and any noun beginning with a vowel or 'h', e.g. Ton père, Ton amie)*	*Your ...*
Ta ... *(for feminine, singular nouns, e.g. Ta mère)*	*Your ...*
Ça va bien?	*How are you?*
Merci pour ta lettre.	*Thank you for your letter.*
Amitiés	*Best wishes*
Grosses bises	*Lots of kisses*
Ecris-moi bientôt!	*Write soon!*
A bientôt!	*See you soon!*
A demain!	*See you tomorrow!*
A lundi/mardi!	*See you Monday/Tuesday!*
Chère Madame X	*Dear Mrs X*
Cher Monsieur Y	*Dear Mr Y*
Madame/Monsieur	*Dear Madam/Sir*
Veuillez agréer, Monsieur/ Madame, l'expression de mes sentiments respectueux.	*Yours sincerely*

General vocabulary

Test yourself

Complétez la lettre en vous aidant des mots de la liste ci-dessus.

Exemple: a) Paris, le 12 novembre

a) ....

b) .... maman

c) .... Moi, ça va bien.

d) .... C'était très intéressant. Maman, j'ai oublié d'apporter mon pyjama. Est-ce que tu peux me l'envoyer? Merci bien.

e) ....

f) .... fils, Nicolas.

A toi! Write a letter (100 words) to a French penfriend to introduce yourself and tell him or her all about your hobbies and family.

General vocabulary

Check the vocab

Days of the week

lundi	(on) Monday
mardi	(on) Tuesday
mercredi	(on) Wednesday
jeudi	(on) Thursday
vendredi	(on) Friday
samedi	(on) Saturday
dimanche	(on) Sunday
le lundi/le samedi	on Mondays/Saturdays

Months of the year

janvier	January	juillet	July
février	February	août	August
mars	March	septembre	September
avril	April	octobre	October
mai	May	novembre	November
juin	June	décembre	December
en mai	in May		

Seasons

le printemps/au printemps	spring/in spring
l'été/en été	summer/in summer
l'automne/en automne	autumn/in autumn
l'hiver/en hiver	winter/in winter

Dates

le ...	on ...
Je suis né(e) le neuf mai.	I was born on May 9.
J'y vais le six juin.	I'm going there on June 6.
en 2003	in 2003
en deux mille cinq	in two thousand and five

Test yourself

C'est quelle date?

Exemple: a) C'est le vingt-quatre février.

a) Quelle est la date de ton anniversaire?

b) Quelle est la date d'aujourd'hui?

c) Nous sommes en quelle saison?

d) C'est quel jour aujourd'hui?

e) Quand est-ce que tu es né(e)?

f) Quel jour tombe Noël cette année?

www.bbc.co.uk/revision

Check the vocab

0	zéro	20	vingt
1	un	21	vingt et un
2	deux	22	vingt-deux
3	trois	23	vingt-trois
4	quatre	24	vingt-quatre
5	cinq	30	trente
6	six	31	trente et un
7	sept	32	trente-deux
8	huit	40	quarante
9	neuf	50	cinquante
10	dix	60	soixante
11	onze	61	soixante et un
12	douze	62	soixante-deux
13	treize	63	soixante-trois
14	quatorze	64	soixante-quatre
15	quinze	65	soixante-cinq
16	seize	66	soixante-six
17	dix-sept	67	soixante-sept
18	dix-huit	68	soixante-huit
19	dix-neuf	69	soixante-neuf
		70	soixante-dix

General vocabulary

Test yourself

C'est quel chiffre?

Exemple: a) 12

a) douze

b) vingt et un

c) treize

d) cinquante-trois

e) quatre

f) dix-sept

g) dix-neuf

h) soixante-huit

i) deux

j) trente-cinq

BBC GCSE Check and Test: French

General vocabulary

Check the vocab

70	soixante-dix	88	quatre-vingt-huit
71	soixante et onze	89	quatre-vingt-neuf
72	soixante-douze	90	quatre-vingt-dix
73	soixante-treize	91	quatre-vingt-onze
74	soixante-quatorze	92	quatre-vingt-douze
75	soixante-quinze	93	quatre-vingt-treize
76	soixante-seize	94	quatre-vingt-quatorze
77	soixante-dix-sept	95	quatre-vingt-quinze
78	soixante-dix-huit	96	quatre-vingt-seize
79	soixante-dix-neuf	97	quatre-vingt-dix-sept
80	quatre-vingts	98	quatre-vingt-dix-huit
81	quatre-vingt-un	99	quatre-vingt-dix-neuf
82	quatre-vingt-deux	100	cent
83	quatre-vingt-trois	101	cent un
84	quatre-vingt-quatre	200	deux cents
85	quatre-vingt-cinq	1000	mille
86	quatre-vingt-six	2000	deux mille
87	quatre-vingt-sept	2010	deux mille dix

premier (1er)/première (1ère)	*first (1st)*
deuxième (2e)	*second (2nd)*
troisième (3e)	*third (3rd)*
quatrième (4e)	*fourth (4th)*
cinquième (5e)	*fifth (5th)*
sixième (6e)	*sixth (6th)*
septième (7e)	*seventh (7th)*
huitième (8e)	*eighth (8th)*
neuvième (9e)	*ninth (9th)*
dixième (10e)	*tenth (10th)*
Je suis en troisième.	*I'm in year 10.*
Mon premier cours, c'est anglais.	*My first lesson is English.*

Test yourself

C'est quel chiffre?

Exemple: a) 123

a) cent vingt-trois
b) mille cent quarante-six
c) huitième
d) deux cents vingt et un
e) soixante-dix-neuf

f) quatrième
g) mille dix-neuf
h) quatre-vingt-sept
i) trois mille trente-trois
j) quatre-vingt-dix-sept

www.bbc.co.uk/revision

Check the vocab

The 24-hour clock

Il est dix-huit heures.	*It's 18:00 hours.*
Il est dix heures quinze.	*It's 10:15.*
Il est treize heures quarante.	*It's 13:40.*
Il est seize heures vingt.	*It's 16:20.*

The 12-hour clock

Il est une heure.	*It's one o'clock.*
Il est deux/quatre heures.	*It's two/four o'clock.*
Il est une heure cinq/dix.	*It's five/ten past one.*
Il est deux heures et quart.	*It's quarter past two.*
Il est deux heures et demie.	*It's half past two.*
Il est trois heures moins le quart.	*It's quarter to three.*
Il est trois heures moins dix/cinq.	*It's ten/five to three.*
Quelle heure est-il?	*What's the time?*
Il est minuit.	*It's midnight.*
Il est midi.	*It's midday.*
A dix heures.	*At ten o'clock.*
Vers six heures.	*At about six o'clock.*
Environ cinq minutes.	*About five minutes.*

General vocabulary

Test yourself

Quelle heure est-il?

Exemple:
a) Il est seize heures douze.

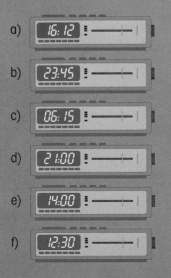

Quelle heure est-il?

Exemple:
a) Il est deux heures moins le quart.

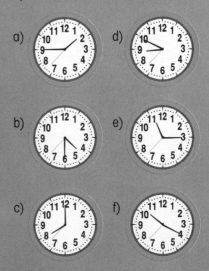

BBC GCSE Check and Test: French

Countries and nationalities

Check the vocab

Country	Nationality	
l'Allemagne	allemand(e)	*Germany/German*
les Etats-Unis	américain(e)	*United States/American*
l'Angleterre	anglais(e)	*England/English*
la Belgique	belge	*Belgium/Belgian*
le Canada	canadien(ne)	*Canada/Canadian*
l'Ecosse	écossais(e)	*Scotland/Scottish*
l'Espagne	espagnol(e)	*Spain/Spanish*
la France	français(e)	*France/French*
la Grande-Bretagne	britannique	*Great Britain/British*
la Grèce	grec (grecque)	*Greece/Greek*
la Hollande	hollandais(e)	*Holland/Dutch*
l'Irlande	irlandais(e)	*Ireland/Irish*
l'Italie	italien(ne)	*Italy/Italian*
le Pays de Galles	gallois(e)	*Wales/Welsh*
le Portugal	portugais(e)	*Portugal/Portuguese*
la Suisse	suisse	*Switzerland/Swiss*

le Royaume-Uni	*United Kingdom*
les Pays-Bas	*the Netherlands*
l'Afrique	*Africa*
l'Europe	*Europe*
Douvres	*Dover*
Londres	*London*
Edimbourg	*Edinburgh*
la Manche	*the English Channel*
la Méditerranée	*the Mediterranean*

Test yourself

De quelle nationalité sont-ils? Où habitent-ils?

Exemple: (a) Elle est italienne. Elle habite en Italie.

a) une femme de Rome

b) un homme de Londres

c) une femme de Paris

d) un homme de New York

e) un homme d'Edimbourg

f) une femme de Bruxelles

g) une femme de Montréal

h) un homme de Swansea

i) une femme de Berlin

j) un homme de Madrid

Check the vocab

Quantities

une boîte de sardines	*a box of/a tin of sardines*
une bouteille de limonade	*a bottle of lemonade*
une douzaine d'œufs	*a dozen eggs*
un paquet de chips	*a packet of crisps*
un pot de confiture	*a jar of jam*
une tranche de jambon	*a slice of ham*
un morceau de gâteau	*a piece of cake*
500 grammes de pommes	*500 grams of apples*
un kilo de pommes de terre	*a kilo of potatoes*
un litre de lait	*a litre of milk*
un peu de sel	*a bit of/a little salt*
beaucoup/plein de tomates	*lots of tomatoes*
trop de poivre	*too much pepper*
encore du pain	*more bread*
quelques bonbons	*some sweets*
plusieurs pommes	*several apples*
assez de chocolat	*enough chocolate*

Materials

en bois	*wooden*	en papier	*paper*
en coton	*cotton*	en plastique	*plastic*
en cuir	*leather*	en verre	*glass*
en laine	*woollen*		

General vocabulary

Test yourself

Qu'est-ce que c'est?

Exemple: a) une tranche de jambon

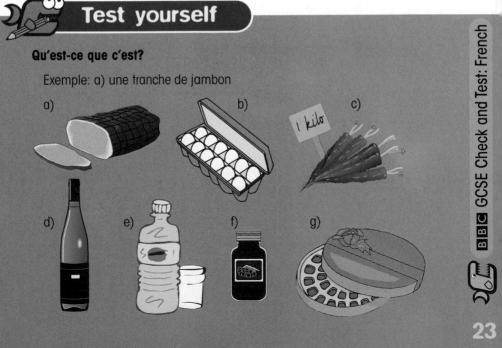

a) b) c)

1 kilo

d) e) f) g)

General vocabulary

Check the vocab

Size and shape

grand(e)	*big, tall*
petit(e)	*small, short*
gros(se)	*fat*
mince	*thin*
moyen(ne)	*average*
long(ue)	*long*
court(e)	*short (not a person)*
étroit(e)	*narrow*
large	*wide*
bas(se)	*low*
haut(e)	*high*
rond(e)	*round*
carré(e)	*square*

Colours

blanc(he)	*white*	orange	*orange*
bleu(e)	*blue*	rose	*pink*
blond(e)	*blonde*	rouge	*red*
brun(e)	*brown*	roux (rousse)	*red/auburn*
gris(e)	*grey*	vert(e)	*green*
jaune	*yellow*	violet(te)	*purple*
marron	*chestnut brown*	clair(e)	*light*
noir(e)	*black*	foncé(e)	*dark*

Test yourself

Décrivez ces personnes en utilisant des mots de la liste ci-dessus.

Exemple: a) Mon meilleur ami est mince et petit. Il a les cheveux blonds
et les yeux verts. Il a un visage rond. Il porte un pantalon court et un
pullover gris.

a) ton frère, père ou meilleur ami

b) ta sœur, mère ou meilleure amie

c) une vedette de cinéma, du sport ou de la télé

www.bbc.co.uk/revision

Check the vocab

Je m'appelle (Marc Brun).	*I'm called (Marc Brun).*
Ça s'écrit B.R.U.N.	*That's spelled B.R.U.N.*
J'ai quinze/seize ans.	*I'm 15/16 years old.*
Je suis né(e) le (six mai).	*I was born on (May 6).*
Mon anniversaire est le (sept juin).	*My birthday is on (June 7).*
Je suis anglais(e)/français(e).	*I'm English/French.*
J'habite 12, rue de Verdun.	*I live at 12 Verdun Road.*
J'ai les yeux bleus/verts.	*I've got blue/green eyes.*
J'ai les yeux/cheveux bruns.	*I've got brown eyes/hair.*
J'ai les cheveux blonds/noirs.	*I've got blond/black hair.*
J'ai les cheveux raides/frisés.	*I've got straight/curly hair.*
J'ai les cheveux longs/courts.	*I've got long/short hair.*
J'ai une barbe.	*I've got a beard.*
Je porte des lunettes.	*I wear glasses.*
Je suis petit(e)/mince.	*I'm small/slim.*
J'ai un chien/un chat.	*I've got a dog/cat.*
un cochon d'Inde/un cheval	*a guinea pig/horse*
un hamster/un lapin	*a hamster/rabbit*
un oiseau/une souris	*a bird/mouse*
un poisson rouge	*a goldfish*
une tortue/une perruche	*a tortoise/budgie*

All about me

Test yourself

Remplissez la carte d'identité avec vos détails.

Exemple: 1 Smith

CARTE D'IDENTITE

1 Nom de famille ....

2 Prénom ....

3 Garçon ☐ Fille ☐

4 Célibataire ☐ Marié(e) ☐

5 Adresse ....

....

6 Nationalité ....

7 Age ....

8 Date de naissance ....

9 Cheveux ....

10 Yeux ....

11 Taille ....

12 Animaux ....

BBC GCSE Check and Test: French

A toi! Say a sentence about each item you filled in on the ID form. Then run all your answers together to form a text. Learn it off by heart to use as a presentation about yourself.

All about me

Check the vocab

J'ai un frère.	*I've got a brother.*
J'ai une sœur.	*I've got a sister.*
Je suis fils/fille unique.	*I'm an only child.*
J'ai un jumeau/une jumelle.	*I've got a twin.*
Mon frère est plus âgé/ jeune que moi.	*My brother is older/ younger than me.*
Je suis l'aîné(e).	*I'm the eldest.*
J'ai une grande famille.	*I've got a big family.*
J'habite avec mes parents.	*I live with my parents.*
Mes parents sont divorcés.	*My parents are divorced.*
Mes parents sont séparés.	*My parents are separated.*
Mon père s'est remarié.	*My father remarried.*
Ma sœur m'énerve.	*My sister annoys me.*
Je m'entends bien avec ma tante.	*I get on well with my aunt.*
Ce qu'il/elle est casse-pieds!	*He/She is a pain in the neck!*

Test yourself

Trouvez les paires et faites la liste en anglais. Exemple: a) maman (mum) – 3 papa (dad)

a) maman	h) la femme	1) le frère	8) le demi-frère
b) le père	i) le grand-père	2) l'oncle	9) la cousine
c) la tante	j) la demi-sœur	3) papa	10) le beau-père
d) la sœur	k) la fille	4) la belle-sœur	11) le fils
e) la belle-mère	l) l'enfant	5) la nièce	12) l'adulte
f) le cousin	m) le beau-frère	6) le mari	13) la mère
g) le neveu		7) la grand-mère	

Lisez le texte et notez les membres de la famille d'Hélène.

Exemple: une mère, . . .

Salut. Je m'appelle Hélène et j'habite avec ma mère, mon beau-père, ma sœur et mes deux demi-frères à Annecy. Mon père a épousé Nina il y a deux ans et ils habitent à Paris. Ils ont un bébé, qui s'appelle Paul. Ma mère est très sympa et je l'adore, mais je ne m'entends pas bien avec ma belle-mère – ce qu'elle est casse-pieds!

A toi! Describe who's in your family and give as many details as possible about them. Use Hélène's text above to help you write at least 80 words.

All about me

Check the vocab

un copain/un ami	*a male friend*
une copine/une amie	*a female friend*
un voisin/une voisine	*a neighbour*
un(e) correspondant(e)	*a penfriend*
Il/Elle est sympa.	*He/She is nice.*
Je le/la trouve plein(e) de vie.	*I find him/her lively.*
marrant(e)	*funny*
équilibré(e)	*even-tempered*
intelligent(e)	*intelligent*
travailleur (travailleuse)	*hard-working*
(im)patient(e)	*(im)patient*
(im)poli(e)	*(im)polite*
calme	*quiet*
sociable	*sociable*
content(e)	*happy*
optimiste	*optimistic*
pessimiste	*pessimistic*
égoïste	*egoistic*
méchant(e)	*nasty*
idiot(e)/bête	*stupid*
paresseux (paresseuse)	*lazy*
timide	*shy*

Test yourself

Répondez aux questions en français.

Exemple: a) Martine

a) Qui a 15 ans?
b) Qui aime les films?
c) Est-ce que Bruno a les cheveux bruns?
d) Comment est Martine?
e) Quel âge a Alain?

Mon ami s'appelle Alain et il a dix-sept ans. Il aime jouer au foot et aller au cinéma. Il est beau et très amusant – c'est l'amour!

Mon meilleur copain s'appelle Bruno. Il a quatorze ans et il est assez grand. Il a les cheveux blonds et les yeux bleus. Il est heureux, sportif et calme.

Ma meilleure amie s'appelle Martine et elle a quinze ans. Elle est jolie et toujours sympa. Je la connais depuis six ans.

A toi! Describe your best friend. Use the ID headings on the form on page 25 and see if you can give all those details about him/her. What is his/her character like? Write about 60 words.

BBC GCSE Check and Test: French

Check the vocab

Je fais du vélo/du cyclisme.	*I go cycling.*
L'hiver, je fais du ski.	*I go skiing in the winter.*
Je fais du cheval/de l'équitation.	*I go horseriding.*
Je fais de la natation/de la planche à voile/de la gymnastique.	*I go swimming/windsurfing/ do gymnastics.*
Je joue au football/au tennis/ au basket/au volley.	*I play football/tennis/basketball/ volleyball.*
Je vais à la pêche.	*I go fishing.*
J'aime courir.	*I like running.*
Je suis sportif (sportive).	*I'm sporty.*
Je fais ça le soir.	*I do that in the evening.*
tous les jours/souvent	*every day/often*
chaque week-end	*each weekend*
le lundi/le samedi	*on Mondays/Saturdays*
de temps en temps	*now and again*
Je trouve ça fatigant.	*I find that tiring.*
la piscine/le terrain	*swimming pool/pitch*
un concours	*competition*

All about me

Test yourself

Centre sportif Esporta

Piscine chauffée, piscine pour les enfants,

sauna, solarium, gymnase,

10 terrains de tennis, salle de jeux,

café-bar, crèche (1 an +)

Heures d'ouverture: tous les jours 07h00–22h00.

Répondez aux questions en anglais.

Exemple: a) heated pool, . . .

a) Name seven facilities at this sports centre.

b) Is it open on Sunday?

www.bbc.co.uk/revision

Test yourself

> **Pierre, 15 ans:** Je suis très sportif. Je joue au hockey trois fois par semaine et je suis le capitaine de l'équipe. Le week-end, j'aime retrouver mes amis au centre sportif où on peut jouer au volley ou au ping-pong. S'il fait beau, nous jouons au foot dans le parc et ça c'est très fatigant. Pendant les vacances, je vais souvent à la piscine – j'adore nager et plonger. Mon sport préféré, c'est le ski, mais l'inconvénient c'est que les montagnes sont loin d'ici – et faire du ski, ça coûte très cher! Le seul sport que je n'aime pas, c'est le patin à glace. Je déteste aller à la patinoire parce que je tombe toujours et ça fait mal!

a)   b)   c)

d)   e)

f)   g)   h)

Lisez le texte et écrivez les lettres a–h dans le bon ordre selon le texte.

Exemple: f, . . .

A toi! Do you like sport? Write about your sporting likes and dislikes. Adapt the highlighted sections in Pierre's text above to help you. Say how often you do the sports and give your opinion. Write 80 to 100 words.

All about me

BBC GCSE Check and Test: French

Check the vocab

J'aime (jouer aux cartes).	I like (playing cards).
J'adore (nager).	I love (swimming).
Je n'aime pas (faire du sport).	I don't like (doing sport).
Je déteste . . . faire du théâtre.	I hate . . . acting.
. . . écouter de la musique	. . . listening to music
. . . regarder la télé	. . . watching TV
. . . jouer du violon/du piano	. . . playing the violin/piano
. . . jouer aux jeux électroniques	. . . playing electronic games
. . . aller au cinéma	. . . going to the cinema
. . . aller au concert/au club	. . . going to a concert/club
. . . faire des promenades	. . . going for walks
. . . retrouver mes amis/amies	. . . meeting my friends
. . . aller à la maison des jeunes	. . . going to the youth club

Test yourself

Quel est ton passe-temps préféré?

1 Je passe beaucoup de temps à jouer de la guitare.

2 Moi, j'adore aller au cinéma.

3 J'aime bien faire des randonnées. C'est super!

4 J'adore lire – surtout les livres romantiques.

5 J'adore aller à la discothèque le samedi soir.

Quels loisirs n'aimes-tu pas?

a Je déteste regarder les films.

b Je n'aime pas danser et je déteste les boums.

c La musique ne m'intéresse pas du tout.

d Je déteste la lecture – mais les bandes dessinées, ça va!

e Je n'aime pas faire des promenades.

Lisez l'article et faites correspondre les phrases 1–5 aux phrases a–e.

Exemple: 1c

A toi! Answer the two questions in the article yourself. Write at least ten sentences about what you do and don't enjoy doing in your free time. Record your sentences onto tape and learn them off by heart.

Check the vocab

J'habite une maison jumelle/ une maison individuelle.	*I live in a semi-detached house/detached house.*
J'habite un studio/un appartement de cinq/six pièces	*I live in a studio/flat with five/six rooms.*
Nous avons un jardin avec une grande pelouse.	*We've got a garden with a big lawn.*
Il y a cinq chambres au premier étage.	*There are five bedrooms on the first floor.*
Ma chambre se trouve au rez-de-chaussée.	*My bedroom is on the ground floor.*
J'ai ma propre chambre.	*I've got my own room.*
Je partage ma chambre avec ma sœur/mon frère.	*I share my room with my sister/brother.*
Dans ma chambre, il y a une table et un ordinateur.	*I've got a table and a computer in my room.*
La moquette est rouge.	*The carpet is red.*
Les murs sont bleus.	*The walls are blue.*
la pièce	*the room*

Test yourself

l'armoire	la salle de séjour	la lampe
le salon	le balcon	le lavabo
le bureau	le studio	le lit
la chaîne-stéréo	le tapis	la cave
la chaise	les WC	la machine à laver
la plante	la cuisinière à gaz	le chauffage central
la porte	la cuisine	le mur
la fenêtre	la douche	le frigo
l'escalier	la salle à manger	les meubles
la salle de bains	le garage	le placard
les rideaux	le fauteuil	
le miroir	le four (à micro-ondes)	

Faites trois listes et traduisez-les en anglais: a) les pièces, b) les meubles et autres objets, c) autres choses dans la maison.

Exemple: a) le salon (*lounge*), le bureau (*study*)

A toi! Describe your house or flat. How many rooms does it have? What's in them? What colour are the walls and carpets? Do you have a garden? Do you have to share a room? Write at least 100 words.

Home life

Check the vocab

J'habite dans une ville/un village.	*I live in a town/village.*
J'habite dans la banlieue.	*I live in the suburbs.*
Nous vivons à la campagne.	*We live in the country.*
J'habite au bord de la mer.	*I live by the sea.*
J'habite sur la côte.	*I live on the coast.*
Nous vivons dans une ferme.	*We live on a farm.*
Ma ville se trouve dans le sud/le nord/l'ouest/l'est.	*My town is in the south/north/west/east.*
J'habite dans un bel immeuble au centre-ville.	*I live in a nice block of flats in the city centre.*
Notre bâtiment est vieux.	*Our building is old.*
Notre bâtiment est laid/beau.	*Our building is ugly/nice.*
Ma ville est historique.	*My town is historic.*
La région est industrielle.	*The region is industrial.*
Il y a beaucoup de bruit ici.	*It's very noisy here.*
C'est très calme.	*It's very quiet.*
Il y a mille habitants dans mon village.	*There are a thousand inhabitants in my village.*
J'ai une très belle vue.	*I've got a very nice view.*
De ma fenêtre, je vois des arbres/des fleurs/des champs/une rivière.	*From my window, I can see trees/flowers/fields/a river.*

Test yourself

Lisez les phrases et écrivez P (positif), N (négatif) ou P+N (positif et négatif). Exemple: a) P

a) Il y a beaucoup de distractions pour les jeunes.

b) C'est à 10 minutes à pied du centre-ville.

c) On ne peut jamais garer la voiture, mais les transports en commun sont assez bons.

d) Nous habitons près d'un arrêt d'autobus.

e) J'ai beaucoup d'amis qui habitent tout près.

f) Le soir il n'y a pas grand chose à faire.

g) Il y a une gare et une gare routière près d'ici.

h) Il n'y a rien à faire pour les jeunes, mais c'est une belle ville.

i) Ce n'est jamais ennuyeux de vivre ici.

j) C'est dangereux la nuit.

k) On peut s'échapper grâce aux trains ou au métro.

l) L'air est pollué à cause des grandes usines.

www.bbc.co.uk/revision

A toi! **Where do you live? What do you think of it? Write ten sentences about the advantages and disadvantages of your home area.**

Check the vocab

J'aime aider à la maison.	*I like helping at home.*
Je n'aime pas faire le ménage.	*I don't like housework.*
Je fais la vaisselle.	*I wash up.*
Je fais les courses.	*I do the shopping.*
Je mets la table.	*I lay the table.*
Je débarrasse la table.	*I clear the table.*
Je fais le jardinage.	*I do the gardening.*
Je nettoie la maison.	*I clean the house.*
Je range ma chambre.	*I tidy my room.*
Je lave mes vêtements.	*I wash my clothes.*
Je sors la poubelle.	*I take the rubbish out.*
Je ne passe jamais l'aspirateur.	*I never vacuum.*
Je fais la cuisine.	*I cook meals.*
Je prépare les repas.	*I cook the meals.*
Nous avons un lave-vaisselle.	*We've got a dishwasher.*
le petit déjeuner/le déjeuner/le dîner	*breakfast/lunch/dinner*
le week-end	*at the weekend*
toujours/tous les jours	*always/every day*
de temps en temps	*sometimes*

Home life

Test yourself

Lisez les textes et répondez aux questions.

Exemple: a) Isabelle

a) Qui fait beaucoup chez Isabelle?

b) Pourquoi est-ce-que la mère d'Isabelle est fatiguée?

c) Est-ce qu' Isabelle aime faire le ménage?

d) Qu'est-ce que la mère de Robert fait à la maison?

e) Quand est-ce que Robert gagne de l'argent?

f) Comment est-ce que Robert trouve le ménage?

Chez nous, c'est moi qui fais le ménage. Ma mère travaille en ville et quand elle rentre elle est toujours fatiguée – j'aime bien aider à la maison parce que c'est important d'aider la famille.
Isabelle, 15 ans

Moi, je déteste faire le ménage – je trouve ça nul! Ma mère est femme au foyer et elle fait tout à la maison elle fait la vaisselle, nettoie la maison, prépare les repas et fait le jardinage. Mon père passe l'aspirateur de temps en temps. Pendant les vacances, je lave la voiture et je gagne un peu d'argent – c'est génial!
Robert, 16 ans

BBC GCSE Check and Test: French

A toi! How do you help at home? What does the rest of your family do? What do you think about it? Write about 100 words, then record your text onto tape and learn it off by heart.

Home life

Check the vocab

Bienvenue.	*Welcome.*
Salut/Bonjour/Au revoir.	*Hi/Hello/Goodbye.*
Bon week-end.	*Have a good weekend.*
Bonsoir/Bonne nuit.	*Good evening/Good night.*
Ça va?	*How are you?*
Ça va bien, merci.	*I'm fine, thanks.*
Ça ne va pas.	*I'm not well.*
J'ai soif/faim.	*I'm thirsty/hungry.*
S'il vous plaît/Merci.	*Please/Thank you.*
De rien.	*Don't mention it.*
Je veux te/vous présenter ma mère/ma famille.	*I want to introduce you to my mother/family.*
Enchanté(e), Madame/Monsieur.	*Pleased to meet you.*
Je n'ai pas de dentifrice/savon.	*I haven't got any toothpaste/soap.*
Tu as une brosse à dents?	*Have you got a toothbrush?*
Avez-vous une trousse de premiers secours?	*Have you got a first aid kit?*
Je n'ai plus d'argent de poche.	*I haven't got any pocket money left.*
Je te/vous remercie beaucoup.	*Thank you very much.*
Merci pour votre hospitalité.	*Thanks for your hospitality.*
Le séjour était bon/affreux.	*The stay was good/awful.*
C'était une visite agréable.	*It was a nice visit.*
J'étais content(e)/triste.	*I was happy/sad.*

Test yourself

Lisez les phrases et écrivez P (positif), N (négatif) ou P+N (positif et négatif). Exemple: a) P

a) Mon correspondant était très sympa.

b) Je ne m'entendais pas bien avec ma correspondante.

c) La visite était barbante.

d) J'ai perdu ma montre, mais j'en ai emprunté une.

e) J'ai dépensé mon argent de poche et personne ne m'en a donné d'autre.

f) Je partageais une chambre avec ma correspondante et sa sœur et nous nous sommes très bien amusées.

g) Le père de ma correspondante était sévère, mais la mère était bavarde et sociable.

h) Je n'aimais pas la nourriture.

i) Je n'avais pas de chance avec cette famille.

j) J'aimerais bien lui rendre visite encore une fois.

A toi! Write about an imaginary (or real) exchange visit you went on to France. Give as many details as possible (80 words).

Check the vocab

Ça s'écrit comment?	*How do you spell that?*
Comment dit-on (cat) en français?	*How do you say (cat) in French?*
Que veut dire (placard) en anglais?	*What does (placard) mean in English?*
C'est quelle page?	*What page is it?*
Vous pouvez/Tu peux m'aider?	*Can you help me?*
Je ne sais pas.	*I don't know.*
Je n'ai pas de (stylo).	*I haven't got a (pen).*
Je peux avoir (un livre)?	*Can I have (a book)?*
Tu peux me prêter (un stylo)?	*Can you lend me (a pen)?*
un cahier/un crayon	*exercise book/pencil*
une règle/une gomme	*ruler/rubber*
Travaillez avec un(e) partenaire.	*Work with a partner.*

Test yourself

Que demande le prof?

Exemple: a) Pay attention.

a) Faites attention.

b) Epelez «cahier», s'il vous plaît.

c) Posez des questions.

d) Faites un dialogue.

e) Décrivez votre journée au collège.

f) Dessinez une image.

g) Copiez du tableau.

h) Travaillez avec un partenaire.

i) Regardez le texte à la page 34.

j) Ecoutez deux fois la cassette.

School life

A toi! What do you take to school each day? List as many items as you can in French (10 minimum) and learn them off by heart.

BBC GCSE Check and Test: French

Check the vocab

Je vais au collège/à l'école . . .	*I go to school . . .*
à pied/en vélo/en bus/en car/ en train/en voiture.	*on foot/by bike/bus/coach/train/car.*
J'ai cours de huit heures à trois heures.	*I have lessons from eight until three o'clock.*
Je porte un uniforme gris et noir.	*I wear a grey and black uniform.*
Je vais au lit à/vers dix heures.	*I go to bed at/around ten.*

School life

Test yourself

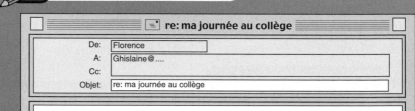

---

re: ma journée au collège

De:	Florence
A:	Ghislaine@....
Cc:	
Objet:	re: ma journée au collège

Salut Ghislaine!

Je me réveille à sept heures et demie et je me lève vers huit heures moins le quart. Je me lave et je m'habille. En général, je mets un jean et un sweat-shirt – nous ne portons pas d'uniforme. Je prends le petit-déjeuner vers huit heures et en général, je bois un café au lait et je mange des céréales, un toast ou un croissant. Après ça, je me brosse les dents et je vais au collège à pied. Le premier cours commence à huit heures et demie et dure une heure. Nous avons deux cours et puis c'est la récréation. Je parle avec mes copains, je bois un jus d'orange et je mange un biscuit. Puis, il y a encore deux cours avant l'heure du déjeuner, quand je mange à la cantine – je mange de la viande et des frites ou du potage et je bois de l'eau. Comme dessert, je mange un fruit. L'après-midi, les cours finissent vers quatre heures et je rentre à la maison. Je prends un goûter (un sandwich ou du gâteau et du lait) et je fais mes devoirs pendant environ deux heures. On mange à huit heures le soir. Après le dîner, je reste à la maison et je regarde la télé ou je lis. En général, je prends un bain vers dix heures et puis je me couche.

Ton amie

Florence :-)

---

h **Prenez des notes en anglais sur la journée au collège de Florence. Puis donnez votre avis sur sa journée et vos raisons.**

Exemple: 7.30 – wakes up (Florence se réveille à sept heures et demie – je trouve ça agréable, parce que moi, je me réveille à six heures.)

A toi! Write an email about your typical school day. Use the highlighted text in the email above to help you. Try to write 120 words if you can.

Check the vocab

l'informatique/la technologie	IT/technology
les maths/les sciences	maths/science
la biologie/la chimie	biology/chemistry
la géographie/l'histoire	geography/history
l'instruction civique/la religion	citizenship/religion
l'art dramatique	drama
le dessin/la musique	art/music
l'éducation physique (EPS)	sport (PE)
Ma matière préférée, c'est (l'anglais/le français).	My favourite subject is (English/French).
J'aime bien (l'allemand).	I like (German) a lot.
Je n'aime pas (l'espagnol).	I don't like (Spanish).
Je déteste (la physique).	I hate (physics).
Je suis fort(e) en allemand.	I'm good at German.
Je suis nul(le) en maths.	I'm terrible at maths.
J'aime (le sport) parce que c'est intéressant/facile.	I like (sport) because it's interesting/easy.
Je n'aime pas (le dessin) parce que c'est difficile/nul.	I don't like (art) because it's difficult/terrible.

School life

Test yourself

Identifiez les trois phrases vraies.

Exemple: b), . . .

a) Le premier cours commence à huit heures.

b) Le lundi, il y a sept cours.

c) Le mardi, on n'a pas de sciences.

d) On prend le déjeuner à 12 heures 25.

e) Après la récréation, on a anglais.

f) A ce collège, on apprend deux langues.

Emploi du temps

	LUNDI	MARDI
8h10	maths	musique
9h10	anglais	français
10h10–10h25	récréation	
10h25	informatique	biologie
11h25	histoire	EPS
12h25–13h25	heure du déjeuner	
13h25	physique	dessin
14h25	chimie	français
15h25	art dramatique	–

BBC GCSE Check and Test: French

A toi! Write your timetable out in French. Which subjects are you good and bad at? What is your favourite subject? Write at least eight sentences.

School life

Check the vocab

Je vais à un C.E.S.	I go to a comprehensive.
Je vais à un lycée technique.	I go to a tech college.
Je vais à un lycée mixte.	I go to a mixed school.
Je vais à un collège privé.	I go to a private school.
Je suis demi-pensionnaire.	I'm a half-boarder (pupil who has school lunches).
Je suis en quatrième/troisième.	I'm in Year 9/10.
Il y a environ mille élèves dans mon collège.	There are about 1000 pupils in my school.
Il y a un centre sportif.	There's a sports centre.
Il y a une bibliothèque.	There's a library.
Nous avons 30 salles de classe.	We've got 30 classrooms.
Nous avons douze laboratoires.	We've got 12 labs.
Mon lycée est vieux/grand.	My school is old/big.
Mon lycée est moderne.	My school is modern.

Test yourself

1 Voulez-vous passer un trimestre en Espagne? Le lycée St-Michel organise un échange scolaire: le lycée technique est situé dans la banlieue de Barcelone. Il y a environ 1 290 élèves de 11 ans à 18 ans ...

2 Le Club Sport se rencontre chaque mercredi à 4h30 au centre sportif. Venez faire du sport avec nous!

3 Qu'est-ce que tu fais cette mi-trimestre? La bibliothèque organise un club de livres pour les élèves de cinquième et sixième.

4 N'OUBLIEZ PAS D'ÊTRE PRÉSENT À L'APPEL CHAQUE MATIN! VOUS DEVRIEZ ÊTRE DANS LA SALLE DE CLASSE À HUIT HEURES.

Lisez les affiches. Quelle affiche lisent ces élèves?

Exemple: a) affiche 3

a) Je suis dans la classe 6a et j'aime beaucoup lire.

b) Je suis très forte en espagnol, et j'aime voyager.

c) Je suis sportif. Aujourd'hui, les cours finissent à quatre heures.

d) Je suis dans la classe 5d et je n'ai rien à faire pendant les vacances.

e) Hier, j'étais encore en retard. Tant pis!

f) J'aimerais bien étudier à l'étranger.

A toi! What type of school do you go to? What facilities does it have? How many pupils? What is it like? Write a text (80–100 words) about your school, then record it onto tape and learn it off by heart as a presentation.

www.bbc.co.uk/revision

School life

Check the vocab

Au collège, on a beaucoup de règles.	*There are lots of rules at school.*
On ne doit pas . . . porter de bijoux/se maquiller.	*You're not allowed to wear jewellery/make-up.*
On ne doit pas porter des vêtements de sport.	*You're not allowed to wear sports gear.*
Il est interdit de fumer.	*You're not allowed to smoke.*
Il y a une bonne discipline.	*The discipline is good.*
Il y a une mauvaise discipline.	*The discipline is bad.*
Les profs sont sévères.	*The teachers are strict.*
Je ne suis jamais en retenue.	*I never get detention.*
Hier, j'avais deux heures de retenue.	*I had two hours detention yesterday.*
Les élèves attaquent souvent les autres élèves.	*Pupils often attack other pupils.*
J'ai peur de la violence dans la salle de classe.	*I'm scared of violence in the classroom.*
L'enseignement souffre à cause de la violence.	*Lessons suffer due to the violence.*
Les grands problèmes sont les graffiti et le vandalisme.	*The big problems are graffiti and vandalism.*
Peu d'élèves causent beaucoup de problèmes.	*A few pupils cause a lot of problems.*
La protection est nulle.	*The protection is awful.*

Test yourself

Trouvez-vous ces règles justes (J) ou pas justes (PJ)?

h **Donnez vos raisons.**

Exemple: 1) J – Si on veut avoir de bonnes notes, il faut faire les devoirs et apprendre beaucoup de choses.

1) ON DOIT TOUJOURS FAIRE LES DEVOIRS.
2) ON NE DOIT PAS ÊTRE EN RETARD.
3) ON N'A PAS LA PERMISSION DE PORTER UN SHORT.
4) ON NE DOIT PAS ÊTRE IMPOLI ENVERS LES PROFS.
5) ON N'A PAS LE DROIT DE MANGER DANS LA BIBLIOTHÈQUE.
6) ON N'A PAS LE DROIT DE FUMER.
7) LES GARÇONS NE DOIVENT PAS SE MAQUILLER.
8) LES FILLES DOIVENT PORTER DES VÊTEMENTS DÉMODÉS.

BBC GCSE Check and Test: French

A toi! Describe your school rules and what you think of them. What are the major problems in your school? Try to write 20 sentences, if you can.

School life

Check the vocab

Cette année, je vais passer les examens.	*I'm taking exams this year.*
L'année prochaine, je passe en première.	*I'm going into the sixth form next year.*
Les profs m'encouragent à passer le bac.	*My teachers are encouraging me to do the bac (A-levels).*
Si j'ai de bonnes notes, j'irai à l'université/en fac.	*If I get good grades, I'll go to university.*
Si mes résultats sont mauvais, je redoublerai.	*If my results are bad, I'll repeat the year.*
Je vais quitter l'école.	*I'm going to leave school.*
Je vais faire un apprentissage.	*I'll do an apprenticeship.*
J'espère faire des études à l'étranger.	*I hope to study abroad.*
J'ai beaucoup d'options.	*I've got lots of options.*

h

Test yourself

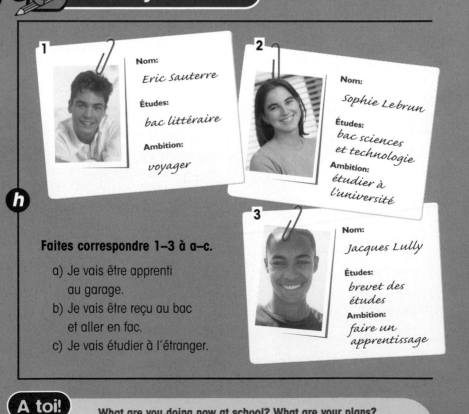

1
Nom:
Eric Sauterre
Études:
bac littéraire
Ambition:
voyager

2
Nom:
Sophie Lebrun
Études:
bac sciences et technologie
Ambition:
étudier à l'université

3
Nom:
Jacques Lully
Études:
brevet des études
Ambition:
faire un apprentissage

h

Faites correspondre 1–3 à a–c.

a) Je vais être apprenti au garage.

b) Je vais être reçu au bac et aller en fac.

c) Je vais étudier à l'étranger.

A toi!
What are you doing now at school? What are your plans?
Where would you like to work? Or study? Write a text (80–100 words)
about what you want to do in the next few years.

www.bbc.co.uk/revision

Check the vocab

Défense de fumer dans le train.	*No smoking on this train.*
Compostez le ticket de bus avant de voyager.	*Date-stamp the bus ticket before travelling.*
On peut acheter un billet de train au guichet.	*You can buy a train ticket from the counter.*
On peut acheter un carnet de billets pour le métro.	*You can buy a book of tickets for the metro.*
La sortie est là-bas.	*The exit is over there.*
Où est l'entrée?	*Where's the entrance?*
Le train est en retard.	*The train is late.*
On peut laisser les bagages à la consigne.	*You can leave luggage at the left-luggage office.*

Test yourself

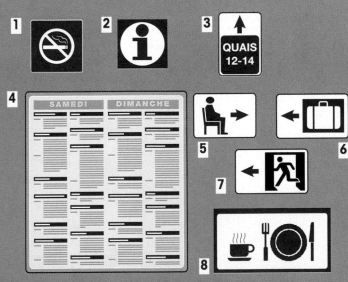

Faites correspondre les panneaux 1–8 aux mots a–h.

Exemple: 1c

a) salle d'attente

b) horaires

c) non-fumeur

d) buffet

e) consigne automatique

f) sortie de secours

g) renseignements

h) aux voies

A toi!

Write down ten signs that you might see when you travel on public transport in France.

In town

BBC GCSE Check and Test: French

Check the vocab

Un aller simple pour Calais, s'il vous plaît.	*A single ticket to Calais, please.*
Un aller-retour pour Dieppe, s'il vous plaît.	*A return to Dieppe, please.*
Première ou deuxième classe?	*First or standard class?*
Fumeur ou non-fumeur?	*Smoking or non-smoking?*
Le train est direct?	*Is the train direct?*
Oui, c'est direct.	*Yes, it's direct.*
Il faut changer à Lyon.	*You have to change at Lyon.*
C'est le train à destination de Marseille.	*The train is going to Marseille.*
Le train part de quel quai?	*Which platform does the train leave from?*
C'est quelle ligne pour aller à Toulouse?	*Which line is it for Toulouse?*
Est-ce qu'il faut faire une réservation?	*Do I have to reserve a seat?*
C'est libre?	*Is this (seat) free?*

Test yourself

In town

Vous êtes au guichet à la gare. Adaptez ce dialogue pour acheter les billets b–d.

Exemple: a)

Toi	Un aller simple pour Calais, s'il vous plaît.
Employé	Première ou deuxième classe?
Toi	Deuxième classe, s'il vous plaît.
Employé	Fumeur ou non-fumeur?
Toi	Non-fumeur, s'il vous plaît.
Employé	Très bien, c'est 65 euros 96.
Toi	Voilà. C'est direct le train?
Employé	Non, il faut changer à Paris.
Toi	Le train part de quel quai?
Employé	Du quai numéro onze.
Toi	Et à quelle heure part le prochain train?
Employé	A dix heures dix.

a)
Calais
changer à Paris
quai 11, 10h10 **2cl**
🚭 €65,96

b)
Dieppe
quai 15, 12h16 **1ère**
⊖ €118,90

c)
Nice
changer à Marseille
quai 2, 16h27 **2cl**
🚭 €360 00

d)
Tours
quai 3, 9h45 **2cl**
🚭 €216,90

A toi! Record one of your dialogues onto tape and learn it off by heart.

Check the vocab

Dans ma ville, il y a . . .

un stade	*a stadium*
un monument	*a monument*
une cathédrale	*a cathedral*
un port	*a port*
un cinéma	*a cinema*
une piscine	*a swimming pool*
un hôtel de ville	*a town hall*
une gare (routière)	*a (bus) station*

In my town, there's . . .

un aéroport	*an airport*
un musée	*a museum*
un château	*a castle*
une plage	*a beach*
une église	*a church*
un théâtre	*a theatre*
une mairie	*a town hall*

Test yourself

Lisez la lettre et mettez les illustrations dans le bon ordre.

Exemple: d, . . .

a)
b)
c)
d)
e)
f)

Granderville, le 24 avril

Chère Patricia,

J'attends avec impatience ta visite le week-end prochain. Ici, on a beaucoup de distractions- nous pouvons aller à la piscine ou au cinéma le soir si tu veux.
Ma ville est très jolie et il y a une belle mairie, qu'on peut visiter, sur la grande place. Et peu près à dix kilomètres d'ici, il y a un vieux château sur la rivière- c'est formidable et nous pouvons y aller le dimanche. Ça t'intéresse? S'il fait mauvais, nous pouvons aller au musée ou visiter la cathédrale.
A samedi.

Thierry

In town

BBC GCSE Check and Test: French

A toi! Write a letter to a friend describing what there is to do and see in your nearest town. Use the above to help you. Write about 80 words.

Check the vocab

Excusez-moi.	*Excuse me.*
Pardon?	*Pardon?*
Où sont les toilettes/les téléphones, s'il vous plaît?	*Where are the toilets/telephones, please?*
Où est l'arrêt d'autobus?	*Where's the bus stop?*
Où se trouve le cinéma?	*Where's the cinema?*
Avez-vous un plan de la ville/une carte?	*Have you got a map of the town/ a map?*
C'est à 50 mètres à droite.	*It's 50 metres on the right.*
C'est ici à gauche.	*It's here on the left.*
Allez tout droit.	*Go straight ahead.*
Prenez la première/deuxième rue à droite/gauche.	*Take the first/second road on the right/left.*
Traversez le pont/la place.	*Cross the bridge/square.*
Allez jusqu'au carrefour.	*Go to the crossroads.*
Tournez à droite au rond-point/ aux feux.	*Turn right at the roundabout/ traffic lights.*
C'est au coin de la rue.	*It's on the corner of the road.*
en face de la gare	*opposite the station*
entre X et Y	*between X and Y*
à côté de l'hôpital	*next to the hospital*
à dix minutes à pied	*ten minutes on foot*
à quinze minutes en voiture	*fifteen minutes by car*

Test yourself

Excusez moi, où se trouve la mairie?

Allez tout droit et traversez le pont. Prenez la première rue à droite et continuez tout droit. Traversez la place. La mairie se trouve au coin de la place. C'est à quinze minutes à pied.

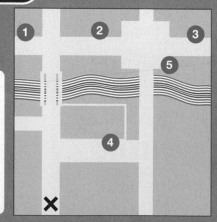

Regardez le plan et lisez les bulles. C'est quel numéro la mairie?

A toi! Write instructions for the other places on the map above.
The places are as follows: 1 bus stop, 2 cinema, 3 toilets, 4 telephones.

Check the vocab

La voiture est tombée en panne.	The car broke down.
J'étais sur la Route Nationale, la N7.	I was on the main road, the N7.
Je conduisais rapidement/trop vite.	I was driving quickly/too fast.
Je n'ai pas vu le feu rouge.	I didn't see the red light.
L'accident s'est passé sur l'autoroute A6.	The accident happened on the A6 motorway.
Police-secours est arrivée à toute vitesse.	The emergency services arrived at top speed.
Une ambulance est arrivée.	An ambulance arrived.
Le gendarme a noté les détails.	The policeman noted the details.
Il ne portait pas de ceinture de sécurité.	He wasn't wearing a seatbelt.
J'ai appelé police-secours.	I called 999.
Je suis allé(e) à l'hôpital.	I went to hospital.
Il y avait deux morts.	Two people were killed.
Je n'étais pas blessé(e).	I wasn't injured.
Au secours!	Help!

In town

Test yourself

1 Auto-école Saint-Lazare

Avez-vous 17 ans?
Voulez-vous conduire sur les Routes Nationales?
Téléphonez-nous pour réserver des leçons.
Chez nous, le permis de conduire
ce n'est pas un problème.

2 Garage de Mer

Nous vérifions vos freins et vos roues!
Nous sommes là pour vous et pour votre voiture!

3 CENT KILOMÈTRES À L'HEURE – C'EST TROP VITE.

Pensez aux piétons et conduisez plus lentement.

4 Station-service sur l'autoroute A4

– essence à bon prix.

Faites correspondre les affiches 1–4 aux personnes a–e.

Exemple: a) affiche 4

a) Someone looking for petrol.
b) Someone looking for driving lessons.
c) Someone with a brake problem.
d) A pedestrian.
e) Someone on the motorway.

A toi! Imagine you have been involved in a car accident. Describe what happened before and after the accident. Write 100 words.

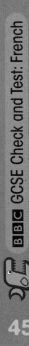

BBC GCSE Check and Test: French

Holidays

Check the vocab

Bon voyage!	*Have a good trip!*
J'ai quitté la maison à sept heures.	*I left home at seven o'clock.*
J'ai voyagé seul(e).	*I travelled alone.*
J'étais avec ma famille.	*I was with my family.*
D'abord, nous sommes allé(e)s en voiture.	*Firstly, we went by car.*
J'ai pris le TGV de Paris à Marseille.	*I caught the TGV from Paris to Marseille.*
J'ai changé de train à Lyon.	*I changed trains at Lyon.*
Ensuite/Puis, je suis allé(e) en car/ bus/taxi de X à Y.	*Next/Then, I went by coach/bus/ taxi from X to Y.*
Mon père est venu me chercher à la gare avec sa voiture.	*My dad collected me from the station in the car.*
Enfin, je suis arrivé(e) à destination vers dix heures.	*I finally got to my destination about ten o'clock.*
Quand j'y suis arrivé(e), j'étais fatigué(e).	*When I arrived there, I was tired.*
C'était un voyage pénible.	*It was a dreadful journey.*
Le voyage était formidable.	*The journey was brilliant.*
Le train était confortable.	*The train was comfortable.*
Pendant le voyage, j'ai lu et j'ai écouté de la musique.	*During the journey I read and listened to music.*

h

Test yourself

Décrivez ce voyage pour aller rendre visite à votre correspondant.

Exemple: Le samedi dernier, je suis allé chez mon correspondant en France. J'ai quitté la maison à dix heures . . .

h

- set off at ten o'clock
- train from London to Paris
- changed at Paris
- TGV from Paris to Strasbourg
- bus from Strasbourg to Mulhouse
- collected by penfriend from the bus station
- drove by car to his/her house
- arrived at half past nine

A toi!

Describe the journey above again, putting in as many extra details as you can think of, such as your opinion and what you did during the journey. Practise saying your text out loud and learn it by heart for a presentation.

www.bbc.co.uk/revision

Check the vocab

Je suis resté(e) dans une auberge de jeunesse.	I stayed in a youth hostel.
Est-ce que je peux louer des draps/une serviette?	Can I hire sheets/a towel?
Le dortoir était sale/propre.	The dormitory was dirty/clean.
J'aime faire du camping.	I enjoy camping.
un emplacement	a site/place (for a tent)
Le camping a une piscine/ un supermarché.	The campsite has got a pool/supermarket.
Je voudrais louer un VTT/ un bateau/un sac de couchage.	I'd like to hire a mountain bike/ boat/sleeping bag.
Ça fait combien?	How much is that?
Est-ce que je dois verser des arrhes?	Do I have to pay a deposit?
Où se trouve l'eau potable?	Where's the drinking water?
Eau non potable.	Non-drinking water.
Nous avons loué un gîte.	We rented a gîte.

Holidays

Test yourself

Lisez le dialogue et répondez aux questions.

Exemple: a) une tente

a) On a une tente ou une caravane?

b) Il y a combien de personnes?

c) Ils restent combien de nuits au camping?

d) Où se trouve l'emplacement?

e) Ça coûtera combien pour la durée du séjour?

f) Où se trouve le supermarché?

– J'ai besoin d'un emplacement, s'il vous plaît.

– Avez-vous une tente ou une caravane?

– Une tente à trois personnes.

– Et c'est pour combien de nuits?

– Pour trois nuits, si possible.

– Alors, nous avons une petite place au coin du camping. C'est près du bloc sanitaire.

– Très bien. Ça fait combien?

– Quarante euros par personne par nuit.

– Merci bien. Est-ce qu'il y a un supermarché au camping?

– Non, pour ça il faut aller au village. C'est à dix minutes à pied.

– Merci beaucoup.

– De rien.

BBC GCSE Check and Test: French

A toi!

Practise the dialogue above, changing as many of the highlighted details as possible. Practise saying your dialogue with a friend or member of your family.

Check the vocab

Avez-vous une chambre libre?	*Have you got any rooms free?*
Pour combien de personnes?	*For how many people?*
Pour combien de nuits?	*For how many nights?*
Pour deux nuits/personnes.	*For two nights/people.*
Ça coûte 128 euros par personne par nuit.	*That costs 128 euros per person per night.*
Il y a un ascenseur à l'hôtel?	*Is there a lift in the hotel?*
Il y a un restaurant?	*Is there a restaurant?*
Pension complète.	*Full board.*
Demi-pension.	*Half board.*
Payez-vous avec une carte de crédit?	*Are you paying by credit card?*
C'est à quelle heure, le dîner?	*When is dinner?*
Où est-ce qu'on peut garer la voiture?	*Where can we park the car?*

Test yourself

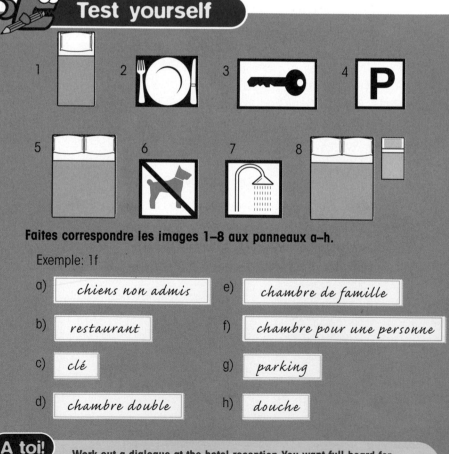

Faites correspondre les images 1–8 aux panneaux a–h.

Exemple: 1f

a) chiens non admis
b) restaurant
c) clé
d) chambre double
e) chambre de famille
f) chambre pour une personne
g) parking
h) douche

A toi! Work out a dialogue at the hotel reception. You want full-board for yourself and five other people. Ask the receptionist at least three questions.

Holidays

www.bbc.co.uk/revision

Test yourself

John McGregor
20 Mansfield Avenue
Durham
DH98 1FD
Angleterre

Durham, le 12 janvier

Hôtel du Lac
12, rue de Sable
Annecy
France

Monsieur, Madame,

Je voudrais confirmer ma réservation pour une chambre double et une chambre de famille pour six personnes pour cinq nuits, du 24 mars au 28 mars.

Nous voudrions des demi-pensions.

J'ai réservé la chambre double avec une vue sur le lac et un balcon.

Est-ce qu'il faut laisser des arrhes?

Je vous prie d'agréer, Monsieur, Madame, l'expression de mes meilleurs sentiments.

John McGregor

John McGregor

h

Répondez aux questions en français.

Exemple: a) le 12 janvier

a) Quand est-ce que John a écrit cette lettre?
b) Quelles chambres a-t-il réservées?
c) Quand est-ce que John arrivera?
d) Quand va-t-il quitter l'hôtel?
e) Est-ce que John veut prendre le dîner à l'hôtel?
f) Qu'est-ce que John veut avoir dans sa chambre?

A toi! **Write a booking letter to a French hotel. Use the letter above as a model and change as many of the highlighted details as possible.**

Holidays

Check the vocab

J'aime passer les vacances à la campagne/à la côte.	I like spending holidays in the country/coast.
Je préfère aller à la montagne/ au bord de la mer.	I prefer going to the mountains/seaside.
L'année dernière, je suis allé(e) à l'étranger.	I went abroad last year.
Je suis allé(e) en avion/en bateau.	I went by plane/boat.
J'ai réservé le vol à l'agence de voyages.	I booked the flight at the travel agents.
C'était un pays très ennuyeux/ intéressant.	It was a very boring/interesting country.
Pendant les vacances d'été, j'aime me baigner.	I like bathing in the summer holidays.
A Noël, je suis allé(e) aux montagnes pour faire du ski.	At Christmas, I went skiing in the mountains.
Pendant les vacances de Pâques, je suis resté(e) à la maison.	During the Easter holiday I stayed at home.
J'ai passé une semaine en France.	I spent a week in France.
quinze jours/un mois	a fortnight/month

Test yourself

1 Passez les vacances au bord de la mer: nos plages sont belles et propres avec du sable doré.
On peut nager, se bronzer, aller à la pêche, jouer aux boules . . .
Venez-nous voir!

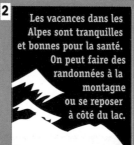

2 Les vacances dans les Alpes sont tranquilles et bonnes pour la santé. On peut faire des randonnées à la montagne ou se reposer à côté du lac.

3 Les vacances en ville sont parfaites pour toute la famille. Les enfants peuvent s'amuser au parc et les parents peuvent faire des achats ou prendre une boisson dans nos cafés.

Regardez ces publicités. Quelles vacances recommanderiez-vous à ces personnes? Donnez vos raisons.

Example: a) vacances 3 – parce qu'il y a beaucoup de magasins et cafés

a) Une famille qui n'est pas du tout sportive.
b) Un homme qui cherche la tranquillité.
c) Une famille qui aime nager, mais qui n'aime pas faire des promenades.
d) Des enfants qui aiment jouer au football.

A toi!

Write an advert for your town or area, encouraging people to come and visit. Try to write at least 50 words.

Check the vocab

Je suis allé(e) à Nice/à Paris.	*I went to Nice/Paris.*
J'ai voyagé en voiture/en train.	*I went by car/train.*
J'ai passé deux jours là-bas.	*I spent two days there.*
J'y étais pendant deux semaines.	*I was there for two weeks.*
Je suis resté(e) dans un camping.	*I stayed at a campsite.*
Je suis resté(e) chez mes cousins.	*I stayed with my cousins.*
Il faisait beau/mauvais.	*The weather was good/bad.*
Je suis allé(e) à la plage tous les jours.	*I went to the beach each day.*
J'ai nagé dans la piscine.	*I swam in the pool.*
J'ai visité la cathédrale.	*I visited the cathedral.*
J'ai acheté des souvenirs.	*I bought souvenirs.*
Les vacances étaient atroces/ magnifiques parce que . . .	*The holiday was ghastly/brilliant because . . .*

h

Test yourself

- went to Arcachon, near Bordeaux
- travelled there by bus and train
- stayed a fortnight with your grandparents
- the weather was sunny and hot
- went swimming in the sea every day
- played boules with your grandfather
- visited a castle and lots of churches
- bought souvenirs and a T-shirt
- give your opinion of the holiday

h

Décrivez ces vacances en français.

Exemple: L'été dernier, je suis allé en vacances en France. Je suis allé à Arcachon, près de Bordeaux. J'ai pris l'autobus et puis le train . . .

A toi! Describe the holiday above again, this time adding in as many extra details as possible, such as reasons for enjoying or not enjoying it and your opinion. Practise saying your text out loud and learn it by heart for a presentation.

Holidays

BBC GCSE Check and Test: French

51

Check the vocab

Quel temps fait-il?	*What's the weather like?*
La météo pour demain.	*Tomorrow's forecast.*
Il fait beau/chaud/froid.	*It's fair/hot/cold.*
Il fait du brouillard.	*It's foggy.*
Il fait du soleil.	*It's sunny.*
Il y a des averses.	*There are showers.*
Il fait du vent.	*It's windy.*
Il gèle/neige.	*It's freezing/snowing.*
Il faisait beau/mauvais.	*It was nice/bad.*
Il y avait des nuages.	*It was cloudy.*
Il va pleuvoir.	*It's going to rain.*
Je n'aime pas la pluie.	*I don't like the rain.*
Le climat est pluvieux.	*The climate is rainy.*
La température sera normale.	*The temperature will be normal.*

Holidays

Test yourself

La météo ☼

Le temps aujourd'hui:
Il fera beau l'après-midi et les températures seront de 25 degrés (**1**). Dans les montagnes il y aura des averses (**2**). Dans l'est il pleuvra (**3**) toute la journée, mais demain il y aura du soleil (**4**).

Et maintenant la météo pour demain:
Les températures seront très basses, environ 0 degrés (**5**). Dans l'ouest il y aura de la neige (**6**) et il y aura beaucoup de nuages (**7**). Attention pour l'après-midi: il y aura du vent partout (**8**).

h

a) b) c) 25° d)

e) f) 0° g) h)

Faites correspondre les mots 1–8 dans le texte aux images a–h.

Exemple: 1c

A toi!

Write the weather forecast for your area for the week ahead.
Give as many details as possible and write at least ten sentences.

Check the vocab

Où se trouve le bureau des objets trouvés?	Where's the lost property office?
J'ai perdu mon sac/mon passeport.	I've lost my bag/passport.
J'ai laissé ma valise au café.	I left my suitcase at the café.
J'ai laissé mon parapluie dans le train.	I left my umbrella on the train.
On m'a volé mon sac à main/ mon appareil-photo.	Somebody has stolen my handbag/camera.
Ça s'est passé ce matin à dix heures trente.	It happened this morning at ten thirty.
C'est grand/petit/bleu/rouge.	It's big/small/blue/red.
Mon porte-monnaie/mon portefeuille était dedans.	My purse/wallet was in it.
Il y avait trois cartes de crédit, 120 euros et des clés là-dedans.	There were three credit cards, 120 euros and some keys in it.

Public services

Test yourself

Hier à quatre heures, on m'a volé mon sac. Ça s'est passé dans le centre commercial au centre-ville. Le sac est assez grand, en cuir brun avec les lettres S.W. au dos. Il y avait mon portefeuille, des clés, des photos et mon passeport dedans.

Lisez la bulle et remplissez le formulaire en anglais.

Exemple: a) yesterday at 4pm

a) When?

b) What happened?

c) Where?

d) Description of object:

e) Contents:

A toi! Imagine you had something stolen this morning. Adapt the text above and write a report (80 words) about the incident to give to the police. Try to add some further details, such as how you felt and what the thief looked like.

BBC GCSE Check and Test: French

Public services

Check the vocab

Je cherche une banque.	I'm looking for a bank.
Où se trouve le bureau de change?	Where's the bureau de change?
Je voudrais changer un chèque de voyage.	I'd like to change a traveller's cheque.
Il me faut changer des livres sterling en euros.	I need to change pounds sterling to euros.
La livre est à combien?	What rate is the pound at?
Elle est à 1 euro 56.	It's at 1 euro 56.
Il faut payer une commission.	You have to pay commission.
Est-ce que je peux voir votre passeport, s'il vous plaît?	May I see your passport, please?
Allez à la caisse.	Go to the counter.
Il/Elle est riche/pauvre.	He/She is rich/poor.
un billet de 50 francs/euros	a 50 franc/euro note
une pièce de 50 centimes	a 50 centime coin
la monnaie	currency, change

Test yourself

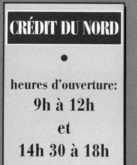

CRÉDIT DU NORD

•

heures d'ouverture:
9h à 12h
et
14h 30 à 18h

Crédit Suisse

Nous sont là pour vous:
mardi–samedi
9h 30–12h
14h–16h15
24/24 banque express

CRÉDIT AGRICOLE

HEURES D'OUVERTURE
9h à 12h 30
14h 30 à 18h
(16h le samedi)

Lisez les affiches. C'est quelle banque?

Exemple: a) Crédit Suisse

a) Quelle banque a des distributeurs?

b) Quelle banque ferme à quatre heures le samedi?

c) Quelle banque n'est pas ouverte le lundi?

d) Où est-ce qu'on peut retirer de l'argent à minuit?

e) Quelle banque ferme deux heures et demie pour le déjeuner?

f) Quelle banque ouvre le plus tard?

www.bbc.co.uk/revision

A toi!

Practise a dialogue at a bureau de change. You want to change £80 into euros and also some traveller's cheques.

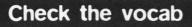

Check the vocab

Où se trouve la boîte aux lettres/ la cabine téléphonique?	*Where's the letter box/phonebox?*
Décrochez.	*Lift the receiver.*
Introduisez la télécarte.	*Insert the phonecard.*
Introduisez une pièce d'un euro.	*Insert a one euro coin.*
Attendez la tonalité.	*Wait for the tone.*
Composez le numéro.	*Dial the number.*
Raccrochez.	*Hang up.*
Retirez la télécarte.	*Remove the phonecard.*
Je voudrais trois timbres à deux euros, s'il vous plaît.	*I'd like three two-euro stamps, please.*
Quatre timbres pour l'Angleterre, s'il vous plaît.	*Four stamps for England, please.*
Mettez la lettre à la poste.	*Post the letter.*

Test yourself

**Lisez la conversation.
Identifiez les trois phrases vraies.**

Exemple: c), . . .

a) La carte postale est pour l'Angleterre.

b) Une lettre coûte moins cher qu'une carte postale.

c) La dame veut acheter cinq timbres.

d) Il n'y a pas de paquet.

e) Le paquet est pour les Etats-Unis.

f) L'employé a pesé le paquet.

g) La dame a payé trois euros soixante-quatre.

– Bonjour. C'est combien pour envoyer une carte postale en Allemagne?

– *Ça fait 45 cents pour une carte postale ou une lettre.*

– Alors, cinq timbres à 45 cents, s'il vous plaît.

– *Voilà. C'est tout?*

– Non, je voudrais envoyer ce paquet aux Etats-Unis.

– *Bon, il faut le peser . . . ça fait 10 euros 30.*

– Merci bien, c'est tout.

– *Alors, ça fait 12 euros 55.*

– Voilà. Au revoir.

– *Au revoir, madame.*

A toi!

Practise the dialogue above, changing as many of the highlighted details as possible. Try to memorise your dialogue so that you can say it without looking at the words.

Public services

BBC GCSE Check and Test: French

Eating and drinking

Check the vocab

la viande/le bœuf/le jambon	meat/beef/ham
le poulet/le porc/le veau	chicken/pork/veal
la saucisse/le saucisson	sausage/salami
le fromage/le pâté	cheese/paté
le poisson/les fruits de mer	fish/seafood
un œuf/les œufs	egg/eggs
le pain/les pâtes/le riz	bread/pasta/rice
de l'huile/du beurre	oil/butter
la bière/le cidre/le vin	beer/cider/wine
un coca/une limonade	cola/lemonade
une eau minérale/un Orangina	mineral water/orangina
un café au lait/avec du sucre	coffee with milk/with sugar
un chocolat chaud/un thé	hot chocolate/tea
J'aime (le steak).	I like (steak).
Je n'aime pas (le yaourt).	I don't like (yoghurt).
J'adore (la glace).	I love (ice cream).
Je déteste (les chips).	I hate (crisps).
Je ne mange jamais de (fromage).	I never eat (cheese).
C'est délicieux.	It's delicious.

Test yourself

Bienvenue au
W-Supermarché

W

Faites les achats en ligne!

- Accueil
- Condiments
- Légumes
- Pâtes et riz
- Charcuterie
- Fromages
- Plats préparés
- Confitures et miels
- Gâteaux
- Desserts
- Boissons
- Vins

Où va-t-on cliquer pour acheter ces choses en ligne?

Exemple: a) Confitures et miels

a) de la confiture à la framboise

b) du camembert et du brie

c) du saucisson

d) de la glace au chocolat

e) du champagne

f) des haricots verts

g) du coca

h) de la pâtisserie

A toi!

Say what you eat and drink at mealtimes, e.g. **Pour le petit déjeuner/le déjeuner/le dîner, je mange/bois du/de la/des . . .** Remember to use **du** with a masculine word, **de la** with a feminine word and **des** with a plural word. See page 86 for more on du, de la and des.

Check the vocab

les fruits	*fruit*	un ananas	*pineapple*
les légumes	*vegetables*	un abricot	*apricot*
les raisins	*grapes*	un chou	*cabbage*
un citron	*lemon*	un chou-fleur	*cauliflower*
une banane	*banana*	une carotte	*carrot*
une cerise	*cherry*	une tomate	*tomato*
une fraise	*strawberry*	une salade	*salad, lettuce*
une framboise	*raspberry*	les champignons	*mushrooms*
une orange	*orange*	les haricots verts	*green beans*
une pêche	*peach*	les petits pois	*peas*
une pomme	*apple*	les pommes de terre	*potatoes*
une poire	*pear*		

Je voudrais 400 grammes de carottes.	*I'd like 400 grams of carrots.*
Je peux avoir des raisins?	*Can I have some grapes?*
Deux kilos de tomates.	*Two kilos of tomatoes.*
Un carton/une boîte de champignons.	*A punnet/box of mushrooms.*
Une douzaine de bananes.	*A dozen bananas.*
Encore trois poires.	*Three more pears.*
Et avec ça?	*And anything else?*
C'est tout, merci.	*That's all, thanks.*

Eating and drinking

Test yourself

Qu'est-ce que Monsieur T a acheté?

a)

b)

c)

d)

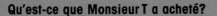

Marchand: Bonjour, Monsieur. Vous désirez?

Monsieur T: Je voudrais un kilo de haricots verts, s'il vous plaît.

Marchand: Et avec ça?

Monsieur T: Alors, je peux avoir une douzaine de pêches?

Marchand: Bien sûr. Les-voilà.

Monsieur T: Avez-vous des pommes de terre?

Marchand: Désolé – nous n'avons plus de pommes de terre.

Monsieur T: Dommage. Alors, 300 grammes de fraises.

Marchand: Bon. C'est tout?

Monsieur T: Oui, c'est tout. Ça fait combien?

Marchand: 20 euros, s'il vous plaît.

BBC GCSE Check and Test: French

A toi!

Practise the dialogue above, changing as many of the highlighted details as possible. Practise saying your dialogue with a friend or member of your family.

Check the vocab

Avez-vous une table pour deux personnes?	Have you got a table for two people?
Je voudrais réserver une table pour dix personnes.	I'd like to book a table for ten people.
Pour quand?	For when?
Pour samedi soir, à huit heures.	For Saturday night at 8pm.
Désolé, c'est complet.	I'm sorry, we're full.
Monsieur!/Mademoiselle!	Waiter!/Waitress!
Avez-vous une carte?	Have you got a menu?
Qu'est-ce que vous prenez?	What would you like?
C'est quoi, la spécialité?	What is the special?
C'est du poulet avec une sauce aux tomates.	It's chicken with a tomato sauce.
Un croque-monsieur, s'il vous plaît.	A toasted sandwich, please.
Pour commencer, je prendrai les fruits de mer.	For starters, I'll have the seafood.
Qu'est-ce que vous désirez comme boisson?	What would you like to drink?
Je voudrais du vin rouge.	I'd like some red wine.
Je vais prendre un coca.	I'll have a cola.
L'addition, s'il vous plaît.	The bill, please.
Le service (n')est (pas) compris.	Service is (not) included.
le menu à prix fixe	fixed price menu
Bon appétit!	Enjoy your meal!

Test yourself

Répondez aux questions en anglais.

Exemple: a) crudités or omelette

a) What is offered as a starter?
b) What flavour is the pasta dish?
c) What comes with the hamburger?
e) What flavour ice creams are available?
f) How much does the meal cost?

——— CAFÉ D'OR ———

Menu à 15 euros

Hors-d'œuvre: crudités ou omelette

Plat du jour: spaghettis au jambon et au fromage ou hamburger avec frites et salade

Dessert: glace à la vanille, à la fraise ou au chocolat

Bon appétit!

A toi! Practise a dialogue at a restaurant. Reserve a table for three people for Saturday at 8.30pm. Then order food and drink for everybody. Don't forget to pay the bill!

Check the vocab

Je n'ai pas de couteau.	*I haven't got a knife.*
Cette cuillère/fourchette est sale.	*This spoon/fork is dirty.*
Cette tasse est très vieille.	*This cup is very old.*
Il y a de la confiture sur l'assiette.	*There's jam on the plate.*
La soupe est froide.	*The soup is cold.*
Le poisson sent mauvais.	*The fish smells bad.*
Ce poulet a un goût désagréable.	*This chicken has a terrible taste.*
Cette crêpe est trop sucrée.	*This crepe is too sweet.*
Il y a trop de poivre/sel.	*There's too much pepper/salt.*
Où est la moutarde?	*Where's the mustard?*
Il n'y a pas de vinaigre.	*There's no vinegar.*
J'ai commandé un vin rouge, mais on m'a donné ce vin blanc.	*I ordered red wine, but I was given white wine.*
J'ai commandé le plat principal, mais j'ai reçu des pâtes.	*I ordered the main dish, but got pasta.*
J'ai dû attendre une heure pour ma pizza.	*I had to wait an hour for my pizza.*
Il y a une erreur dans l'addition.	*There's a mistake in the bill.*

Test yourself

Répondez aux questions en français.

Exemple: a) Elle est malade.

a) Comment va Hélène?

b) Qu'est-ce qu'elle a commandé à manger et à boire?

c) C'était comment, le restaurant?

d) C'était comment, le dessert?

e) Pourquoi est-elle malade?

> Paul- je suis malade! Hier soir, je suis allée au restaurant. J'ai commandé du poulet avec des pommes de terre et des petits pois et je crois que le poulet était mal cuit. Le restaurant était assez sale et le garçon était très impoli. J'ai commandé du cidre, mais c'était trop sucré, et alors j'ai bu de l'eau minérale. Comme dessert, j'ai pris une tarte aux abricots, mais c'était affreux. Aujourd'hui, je reste chez moi et je prépare les repas moi-même!
> Hélène

A toi!

Write a text (80 words) about at least five things that might go wrong in a restaurant. For example, the food is cold or there is too much salt on your food. Record your text onto tape and learn it off by heart for a presentation.

Check the vocab

le corps	*body*
le dos	*back*
le nez	*nose*
la main	*hand*
le cou	*neck*
le genou	*knee*
un œil (les yeux)	*eye (eyes)*
l'estomac	*stomach*
la bouche	*mouth*
une oreille	*ear*
Je me sens malade/Je suis malade.	*I feel ill/I'm ill.*
J'ai mal au cœur.	*I feel sick.*
J'ai mal à la gorge.	*I've got a sore throat.*
J'ai mal à la tête.	*I've got a headache.*
J'ai mal au ventre.	*I've got stomach ache.*
J'ai mal aux dents.	*I've got toothache.*
Mon bras/Mon pied me fait mal.	*My arm/foot hurts.*
Mes jambes me font mal.	*My legs hurt.*
Je me suis coupé(e) le doigt.	*I've cut my finger.*
Je me suis cassé(e) la jambe.	*I've broken my leg.*
Je suis enrhumé(e).	*I've got a cold.*
J'ai un rhume.	*I've got a cold.*
J'ai la grippe.	*I've got the flu.*
J'ai de la fièvre.	*I've got a temperature.*
J'ai envie de vomir.	*I want to be sick.*
Je suis fatigué(e).	*I'm tired.*
Va chez le docteur.	*Go to the doctor.*
Va à l'hôpital.	*Go to the hospital.*
Va chez le pharmacien.	*Go to the chemist.*
Prends quatre comprimés chaque jour.	*Take four tablets a day.*
Prenez ce médicament.	*Take this medicine.*
Prends du sirop.	*Take some syrup.*
les pastilles pour la gorge	*throat pastilles*
C'est grave?	*Is it serious?*

Test yourself

Que disent ces gens?

Exemple: a) J'ai mal à la tête.

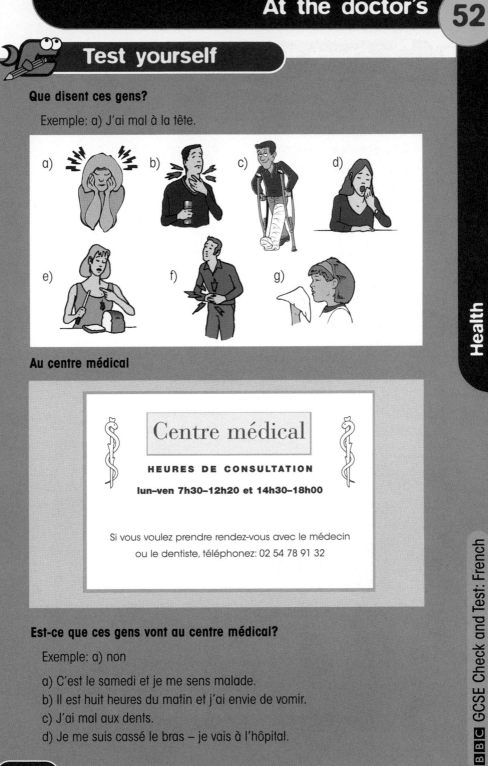

Au centre médical

Centre médical

HEURES DE CONSULTATION

lun–ven 7h30–12h20 et 14h30–18h00

Si vous voulez prendre rendez-vous avec le médecin
ou le dentiste, téléphonez: 02 54 78 91 32

Est-ce que ces gens vont au centre médical?

Exemple: a) non

a) C'est le samedi et je me sens malade.
b) Il est huit heures du matin et j'ai envie de vomir.
c) J'ai mal aux dents.
d) Je me suis cassé le bras – je vais à l'hôpital.

A toi! Make up four short dialogues at the medical centre,
each with a different complaint and remedy. Act them out
with a friend and record them onto tape.

Health

BBC GCSE Check and Test: French

Check the vocab

Je suis en super forme.	*I am super fit.*
Je suis en bonne santé.	*I am in good health.*
C'est bon pour la santé.	*It's good for your health.*
C'est mauvais pour la santé.	*It's bad for your health.*
la consommation calorique quotidienne	*daily calorie consumption*
Je dois suivre un régime.	*I have to go on a diet.*
Je me pèse tous les matins.	*I weigh myself each morning.*
Je n'arrive pas à maigrir.	*I can't lose weight.*
Je veux maigrir.	*I want to lose weight.*
Je veux perdre deux kilos.	*I want to lose two kilos.*
J'ai pris trois kilos.	*I've put on three kilos.*
Je pèse 56 kilos.	*I weigh 56 kilos.*
Je mesure un mètre 45.	*I'm 1 metre 45 tall.*
Je bois deux litres d'eau par jour.	*I drink two litres of water a day.*
Il faut arrêter de fumer.	*You have to stop smoking.*
Il faut faire du sport.	*You have to do sport.*
J'ai beaucoup d'allergies.	*I have a lot of allergies.*
Je suis végétarien(ne).	*I'm vegetarian.*
Je prends des vitamines.	*I take vitamins.*

h

Test yourself

h

Question 1	Connaissez-vous le régime qui consiste à manger de la soupe au chou accompagnée de fruits ?
Réponse	J'ai encore mieux! Pain sec et eau! Tu vas voir comme il est facile de maigrir! Perte de poids garantie! :-(
Question 2	On dit qu'il faut manger léger le soir, mais est ce que c'est léger en calories ou en quantité?
Réponse	C'est en calories, bien sûr. Prenez un potage suivi de légumes (cuits à la vapeur). Evitez les pizzas, les croque-monsieur, les crêpes, les pâtes, les pommes de terre . . .

Traduisez les questions et réponses sur ce site en anglais.

Exemple: Question 1: Do you know of a diet that consists of eating . . .

A toi!

Write your own website question-and-answer section about health issues. Try to write at least 80 words.

Check the vocab

Je regarde la télévision tous les jours/les soirs.	*I watch television every day/evening.*
Mon émission préférée, c'est «Les Simpson».	*My favourite programme is 'The Simpsons'.*
J'aime bien (les films).	*I like (films).*
Je n'aime pas (les jeux télévisés).	*I dislike (game shows).*
les documentaires	*documentaries*
les informations/les actualités	*the news*
les feuilletons	*soap operas*
les dessins animés	*cartoons*
les émissions de sport	*sports programmes*
les émissions de musique	*music programmes*
Mon chanteur préféré/Ma chanteuse préférée, c'est X.	*My favourite singer is X.*
Ma chanson préférée, c'est X.	*My favourite song is X.*
Mon groupe préféré, c'est X.	*My favourite group is X.*
la musique pop/rock/classique	*pop/rock/classical music*
J'aime écouter la radio.	*I like listening to the radio.*
J'achète des CDs/cassettes.	*I buy CDs/cassettes.*

Media

Test yourself

Répondez aux questions.

Exemple: a) 3

a) Qui aime la musique?

b) Qui aime bien les émissions à la télé?

c) Qui n'aime pas les actualités à la télé?

d) Qui n'aimerait pas écouter des orchestres?

e) Qui n'irait pas chez le disquaire?

f) Qui n'aime pas les émissions comme «Les Simpson»?

1 J'adore les feuilletons.

2 Je trouve les informations très pessimistes.

3 Mon groupe préféré, c'est «Les vedettes».

4 Je n'aime pas la musique classique.

5 Je n'achète jamais de cassettes ni CDs.

6 A mon avis, les dessins animés sont moches.

A toi! Write ten sentences about television programmes and music that you like or dislike.

BBC GCSE Check and Test: French

Check the vocab

On passe un film d'amour.	There's a love film on.
J'adore (les films comiques).	I love (comedies).
Je déteste (les films d'épouvante).	I hate (horror films).
un film d'aventure/d'horreur	adventure/horror film
un film de science fiction	science fiction film
Une place pour salle deux.	One ticket for screen two.
Ça fait combien?	How much does that cost?
Il y a des réductions pour les enfants/les étudiants?	Is there a reduction for children/students?
Vous avez une pièce d'identité?	Have you got ID?
Ça commence à quelle heure?	When does it start?
Ça commence à huit heures.	It starts at eight o'clock.
La séance finit à quelle heure?	When does the film end?
Ça finit à dix heures.	It ends at ten o'clock.
C'est en version française.	It's the French version.
C'est en version originale.	It's the original version.
C'est sous-titré.	It's subtitled.

Media

Test yourself

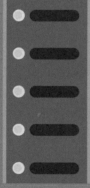

A MA SŒUR ! 2015. 1h35. Comédie dramatique française.

CHEZ LES HEUREUX DU MONDE 2030. 2h20. Drame américain. En version originale.

DJOMEH L'histoire d'un garçon qui est tombé amoureux. 2000. 1h25. Comédie dramatique iranienne. Avec sous-titres.

HOME SWEET HOME 2010. 1h25. Documentaire américain.

SCARFIES 2000. 1h30. Comédie néo-zélandaise.

TRAFFIC 2000. 2h30. Policier américain.

LE VIEUX QUI LISAIT DES ROMANS D'AMOUR 2100. 1h50. Film d'aventure américain.

JEU DE CONS 2100. 1h15. Comédie française.

C'est quel film?

Exemple: a) Scarfies

a) Ce film dure une heure et demie.

b) C'est un film en anglais.

c) C'est un film sous-titré.

d) Ce film commence à huit heures dix.

e) C'est un film amusant et ça commence a neuf heures.

f) Ce film finit à dix heures et demie.

A toi!

What films do you like and dislike? Write five sentences describing your film preferences.

Check the vocab

Je suis allé(e) au théâtre.	*I went to the theatre.*
Les acteurs étaient excellents.	*The actors were great.*
L'actrice principale était nulle.	*The main actress was dreadful.*
La musique était formidable.	*The music was great.*
C'était une bonne soirée.	*It was a good evening.*
Je n'avais pas une bonne place au balcon.	*I didn't have a good seat in the balcony.*
C'était une pièce intéressante.	*It was an interesting play.*
C'était une pièce ennuyeuse.	*It was a boring play.*
L'histoire n'était pas bonne.	*The story wasn't good.*
Il s'agissait d'une famille.	*It was about a family.*
Ça se passait en Italie.	*It took place in Italy.*
C'était triste/amusant.	*It was sad/funny.*
J'ai beaucoup pleuré/ri.	*I cried/laughed a lot.*
Je l'ai trouvé compliqué.	*I found it complicated.*
C'était comique/drôle/amusant.	*It was comic/funny.*
J'aime lire les romans.	*I like reading novels.*
Je lis le journal chaque jour.	*I read the paper daily.*
Récemment, j'ai lu un livre de science fiction.	*I read a science fiction book recently.*
J'adore les bandes dessinées.	*I love comics.*

h

Media

Test yourself

Il y a quatre ans, j'ai lu un roman fantastique. C'était intéressant et passionnant. Son titre est «Chance pour tout» et son auteur est Yvonne Robert. L'histoire commence en Afrique et parle d'un jeune homme qui part découvrir l'Europe. Dans ses voyages il rencontrera beaucoup de difficultés. La semaine dernière, je suis allé au théâtre avec mon père pour voir l'adaptation de ce roman. La soirée a été très décevante, le bon roman est devenu une pièce de théâtre compliquée et ennuyeuse. De plus, la pièce était très mal joué. J'étais très deçu et je suis rentré chez moi triste et fâché.

Michel, 16 ans

h

Lisez le texte et faites l'exercise.

Exemple: a) fantastique (fantastic), . . .

a) Soulignez au moins cinq adjectifs dans le texte et traduisez-les en anglais.

b) Notez les différences que Michel a trouvées entre le roman et la pièce de théâtre «Chance pour tout».

BBC GCSE Check and Test: French

A toi!   **Write 100 words about a book or play that you have read or seen recently. Describe what it was like and what it was about. Use Michel's text above to help you.**

Media

Check the vocab

Tu es libre ce week-end?	*Are you free this weekend?*
Si on allait au cirque?	*Shall we go to the circus?*
On va au spectacle/au match?	*Shall we go to a show/match?*
Tu veux aller à la discothèque?	*Do you want to go to the disco?*
Tu veux faire une excursion?	*Do you want to go on a trip?*
J'accepte ton invitation.	*I accept your invitation.*
Oui, d'accord. Je veux bien.	*Yes, I'd love to.*
Ça ne me dit rien.	*I don't fancy that.*
Je regrette/Je suis désolé(e) mais je ne suis pas libre.	*I'm sorry, but I'm not free.*
On se retrouve à quelle heure?	*When shall we meet?*
On se retrouve à six heures.	*We'll meet at six o'clock.*
On se retrouve où?	*Where shall we meet?*
On se retrouve chez moi/à la gare/à l'école.	*We can meet at my house/ the station/school.*
Ça coûte combien l'entrée?	*How much is the entrance?*
Tu as un dépliant?	*Have you got a leaflet?*

Test yourself

– Allô.

– *Allô, Karen. C'est Marc à l'appareil.*

– Salut, Marc. Ça va?

– *Oui, ça va bien, merci. Karen, tu es libre samedi soir?*

– Eh . . . oui, je ne fais rien samedi soir.

– *Bon, si on allait au cinéma?*

– Oui, bonne idée. J'adore aller au cinéma.

– *Excellent.*

– On se retrouve à quelle heure?

– *Le film commence à huit heures dix. Alors, on se retrouve à huit heures?*

– D'accord. Et on se retrouve où?

– *Devant le cinéma.*

– Bon. Alors, à samedi soir!

Lisez le dialogue et notez ces choses.

Exemple: a) aller au cinéma

a) l'invitation pour faire quoi?
b) le jour du rendez-vous
c) l'heure de la séance
d) l'heure du rendez-vous
e) l'endroit du rendez-vous

A toi! Change at least five details in the dialogue above to create a new dialogue inviting a friend out. Record your dialogue onto tape with a friend and learn it off by heart.

www.bbc.co.uk/revision

Check the vocab

le joueur/la joueuse de football/de tennis/de golf	*football/tennis/golf player*
la vedette de cinéma	*film star*
le chanteur/la chanteuse	*singer*
un écrivain	*writer*
un acteur/une actrice	*actor/actress*
bien connu(e)	*well-known*
âgé(e)/jeune/moderne	*old/young/modern*
né(e) le sept mai 1978	*born on May 7 1978*
avoir l'air génial(e)/pénible	*to look nice/horrid*
être célèbre/important(e)	*to be famous/important*
Qu'il/elle est barbant(e)!	*He/She is deadly dull!*

Test yourself

FICHE D'IDENTITE

Zinedine ZIDANE

1 Nom ....

2 Prénom ....

3 Pays d'origine ....

4 Date de naissance ....

5 Taille ....

6 Poids ....

7 Famille ....

8 Emploi ....

Remplissez la fiche d'identité avec ces détails.

Exemple: 1 c) Zidane

a) joueur de football célèbre
b) 80 kg
c) Zidane
d) 1m 85

e) femme et deux enfants
f) Zinedine
g) 23/06/72
h) France

 A toi!

Write an ID form for your favourite celebrity. Then write a text (minimum 80 words) to describe him or her.

Media

BBC GCSE Check and Test: French

Media

Check the vocab

Joyeux Nöel!	*Happy Christmas!*
Joyeuses Pâques!	*Happy Easter!*
Bonne fête!	*Enjoy the holiday!*
Bon anniversaire!	*Happy birthday!*
le Nouvel An	*New Year*
la fête des Mères/Pères	*Mother's/Father's day*
On chante et on danse.	*We sing and dance.*
On mange beaucoup!	*We eat a lot!*
On offre des cadeaux.	*We give presents.*
On envoie des cartes de vœux.	*We send greetings cards.*
J'ai reçu plusieurs cartes.	*I got several cards.*
C'est un jour en famille.	*It's a family day.*
C'est une fête religieuse.	*It's a religious festival.*
C'est une journée spéciale.	*It's a special day.*
C'est un jour ferié.	*It's a bank holiday.*
On a trois jours de congé.	*We have three days off.*

Test yourself

Le 1er avril – un jour de blagues

En France, la blague consiste à accrocher un poisson dans le dos de quelqu'un. Le poisson est souvent en papier, colorié et découpé, et accroché à un fil, mais c'est mieux quand c'est collant.

Le mal sévit en priorité à l'école, y compris au dos des professeurs, au tableau et partout dans la classe avant les cours. A la sortie, les passants sont contaminés aussi.

Il faut jouer son tour avant midi, pour porter bonheur, sinon on pourrait bien en être soi-même victime!

Le premier avril, comme jour de blagues, a lieu aussi en Belgique, en Allemagne, en Grande-Bretagne et aux Etats-Unis.

h **Lisez le texte et choisissez la bonne réponse.** Exemple: a) 2

a) En France en avril, on accroche 1 un chien, 2 un poisson, 3 un cochon d'Inde sur une victime.

b) Le mieux, c'est un poisson qui 1 sent, 2 parle, 3 colle.

c) A l'école, on essaie de coller un poisson aux 1 profs, 2 facteurs, 3 enfants.

d) On doit faire ses blagues avant 1 dix heures, 2 douze heures, 3 vingt heures.

e) On fait des blagues aussi 1 en Italie, 2 en Amérique, 3 en Espagne.

A toi! Write a text about a special day you celebrate. Explain what you do, when the day is and say what you think of it. Aim to write about 80 words.

Check the vocab

le manteau/l'imperméable	*coat/raincoat*
l'anorak/la veste	*anorak/jacket*
la chemise/la cravate	*shirt/tie*
le jean/le short/le jogging	*jeans/shorts/tracksuit*
le pantalon/le pyjama	*trousers/pyjamas*
le sweat-shirt/le T-shirt/le pull	*sweatshirt/T-shirt/jumper*
la jupe/la robe	*skirt/dress*
les baskets	*trainers*
les chaussettes/les chaussures	*socks/shoes*
la casquette/le chapeau	*cap/hat*
le maillot de bain	*swimming costume*
en laine/en cuir/en coton	*woollen/leather/cotton*
Est-ce que je peux vous aider?	*Can I help you?*
Je cherche (un manteau).	*I'm looking for (a coat).*
De quelle taille/pointure?	*Which size/shoe size?*
De quelle couleur?	*Which colour?*
En petite/en grande taille/en bleu.	*Small/large/in blue.*
En 38/en taille moyenne.	*38/medium.*
Est-ce que je peux l'essayer?	*Can I try it on?*
C'est trop grand/petit.	*It's too big/small.*
Ça coûte combien?	*How much does it cost?*
C'est trop cher/bon marché.	*It's too expensive/cheap.*
Je ne l'aime pas.	*I don't like it.*
Vous l'avez en plus grand?	*Have you got a bigger one?*
Je l'ai acheté aux soldes.	*I bought it in the sales.*

Shopping

Test yourself

Faites correspondre les questions 1–4 aux réponses a–d.

Exemple: 1b

a) En taille moyenne et en bleu, s'il vous plaît.

b) Oui, je cherche un pull.

c) Oui, la cabine est ici.

d) Désolée. Nous n'avons que cette taille.

1 Bonjour, mademoiselle. Est-ce que je peux vous aider?

2 De quelle taille et de quelle couleur?

3 Est-ce que je peux l'essayer?

4 C'est trop petit. Vous l'avez en plus grand?

A toi! Cover up the 'Check the vocab' section and write a list in French of ten items of clothing you might pack in your suitcase. Then check the vocab box and make sure that you have spelled everything correctly and that the gender (le/la) is correct.

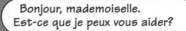

BBC GCSE Check and Test: French

Check the vocab

Dans ma ville, il y a (un marché).	*In my town, there is (a market).*
une boucherie	*butcher's*
une boulangerie	*bakery*
une boutique	*small shop*
un centre commercial	*shopping centre*
une charcuterie	*delicatessen*
une confiserie	*sweet shop*
une épicerie	*grocery shop*
un grand magasin	*department store*
un hypermarché	*hypermarket*
une librairie	*bookshop*
une parfumerie	*perfume shop*
une pâtisserie	*cake shop*
une pharmacie	*chemist*
un supermarché	*supermarket*
un bureau de tabac	*tobacconist*

C'est où, le rayon cadeaux?	*Where's the gift department?*
L'alimentation est au sous-sol.	*Food is in the basement.*
C'est au premier étage.	*It's on the first floor.*
Allez au rez-de-chaussée.	*Go to the ground floor.*
Où se trouve l'ascenseur?	*Where's the lift?*
Il faut payer à la caisse.	*Pay at the till.*
ouvert/fermé	*open/closed*
le vendeur/la vendeuse	*sales assistant*

Shopping

www.bbc.co.uk/revision

Test yourself

Faites correspondre les achats 1–9 aux mots a–i.

Exemple: 1b

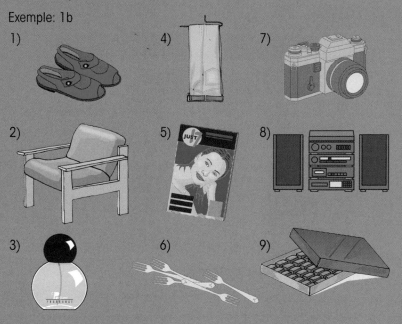

1)

2)

3)

4)

5)

6)

7)

8)

9)

a) un appareil-photo
b) des chaussures
c) des fourchettes
d) un pantalon
e) du parfum
f) une chaîne stéréo
g) une chaise
h) le magazine «Just 17»
i) du chocolat

SOUS-SOL	ALIMENTATION
REZ-DE-CHAUSSÉE	PARFUMERIE, MAGAZINES, MONTRES
PREMIER ÉTAGE	CHAUSSURES FEMMES, MODE JEUNE
DEUXIÈME ÉTAGE	ARTICLES DE CUISINE, MEUBLES
TROISIÈME ÉTAGE	TÉLÉVISION ET HI-FI, PHOTO, TOILETTES

Regardez le panneau et notez le bon rayon pour acheter les choses a–i.

Exemple: a) Troisième étage

Shopping

BBC GCSE Check and Test: French

A toi!

Make a list in French of all the shops in your nearest town and learn them off by heart.

Teenage concerns

Check the vocab

A mon avis, les copains sont très importants.	In my opinion, friends are very important.
Je crois que l'amitié est plus importante que la famille.	I think that friendship is more important than family.
Je pense que chacun a besoin d'amis.	I think that everyone needs friends.
Ma meilleure amie est gentille et chouette.	My best friend is kind and sweet.
Mon meilleur ami est bavard et sportif.	My best friend is talkative and sporty.
Je le/la connais depuis six ans.	I've known him/her for six years.
Nous ne nous disputons jamais.	We never argue.
Nous bavardons beaucoup.	We talk a lot.
Il/Elle habite près/loin de chez moi.	He/She lives near/far from me.
Ses parents sont moins stricts que les miens.	His/Her parents are less strict than mine.
J'ai un(e) petit(e) ami(e).	I've got a boyfriend/girlfriend.
Je suis amoureux (amoureuse) de X.	I'm in love with X.

Test yourself

Mon meilleur ami s'appelle Paul et il a dix-sept ans. Il est chouette et très généreux. Je vais chez lui tous les week-ends et nous surfons sur l'Internet ensemble. Il a aussi beaucoup de jeux électroniques et chez lui, je ne m'ennuie jamais. Ses parents sont jeunes et à la mode et Paul a la permission de sortir quand il veut – pas comme moi! **Thierry, 16 ans**

Il y a trois ans, je me suis disputée avec ma meilleure amie, Anne. Avant, nous étions toujours ensemble à faire des bêtises ou à bavarder sans cesse. Mais pendant les vacances d'été, elle a rencontré un garçon et depuis ça, elle n'a pas eu de temps pour moi. D'abord, j'étais très triste puis j'ai commencé à sortir avec d'autres copains et maintenant, je n'ai pas de meilleure amie, mais j'ai beaucoup de copains et ça me plaît beaucoup. **Angela, 15 ans**

Lisez les textes. C'est Angela, Thierry, Anne ou Paul?

Exemple: a) Angela

a) Qui n'a plus une amie spéciale? e) Qui a un ordinateur chez lui?

b) Qui aime avoir plusieurs d'amis? f) Qui a des parents jeunes?

c) Qui a des parents assez sévères? g) Qui peut sortir n'importe quand?

d) Qui a trouvé un petit ami en vacances?

A toi!

How important are friends to you? Do you have a best friend?
Write a text (80 words) on this topic.

www.bbc.co.uk/revision

Check the vocab

Mes parents me critiquent.	*My parents criticise me.*
Il y a peu de disputes chez nous.	*There aren't many rows at home.*
Je n'ai jamais la permission d'aller aux fêtes.	*I'm never allowed to go to parties.*
J'ai le droit de sortir le samedi soir.	*I'm allowed to go out on Saturday nights.*
Je m'entends bien avec ma mère.	*I get on well with my mum.*
Je me dispute beaucoup avec mon père.	*I argue a lot with my dad.*
Je ne peux pas communiquer avec mes parents.	*I can't communicate with my parents.*
Mes parents n'ont pas le sens de l'humour.	*My parents haven't got a sense of humour.*
Ils n'aiment pas mes piercings.	*They don't like my piercings.*
Mes parents sont trop sévères.	*My parents are too strict.*
La vie chez nous est difficile.	*Life at home is difficult.*

Test yourself

Lisez les phrases. Ecrivez P (positif), N (négatif) ou P+N (positif et négatif).

Exemple: a) N

a) Mon père ne me comprend pas du tout.

b) Je déteste ma belle-mère – elle est nulle.

c) Je n'ai pas le droit de sortir le soir et ça m'énerve.

d) J'ai un bon rapport avec ma mère – elle est géniale.

e) Mon père a un bon sens de l'humour, mais il est trop strict.

f) J'essaie de parler de mes problèmes avec mes parents, mais ils sont toujours trop occupés.

g) Mon beau-père est très gentil, mais il ne m'aide pas avec mes problèmes d'adolescence.

h) Il n'y a personne à la maison avec qui je peux discuter.

i) Mes parents ont toujours du temps pour moi.

j) Je n'ai pas la permission de rester chez mon petit ami, et ce n'est pas juste.

A toi!

Write about 50 words to explain any conflicts (real or imaginary) that you have at home.

Teenage concerns

BBC GCSE Check and Test: French

Teenage concerns

Check the vocab

La vie de l'adolescent a beaucoup de soucis.	*Adolescent life has many worries.*
J'ai de gros problèmes à l'école/ à la maison.	*I have big problems at school/home.*
On me brutalise parce que je suis différent/pauvre.	*I am bullied because I am different/poor.*
Les examens m'inquiètent.	*I worry about exams.*
Je n'aime pas mon corps.	*I don't like my body.*
Je n'ai pas de petit(e) ami(e).	*I haven't got a boyfriend/girlfriend.*
Je n'ai pas de copains.	*I don't have any friends.*
Je n'ai pas d'argent.	*I don't have any money.*
Je veux quitter l'école.	*I want to leave school.*
J'ai peur de crime.	*I am afraid of crime.*
J'ai peur de la violence.	*I am afraid of violence.*
Je me sens tout(e) seul(e).	*I feel alone.*
Je ne peux pas communiquer avec autres.	*I can't communicate with others.*

Test yourself

Faites correspondre les problèmes 1–3 aux conseils a–c.

1 *X* a seize ans, il n'est ni sportif ni animé et il n'a pas de copains. Chaque jour, après l'école, un groupe de garçons le brutalise. Ils attaquent *X* et ils lui donnent des coups de pied aux jambes et aux bras.

a *X* doit aller chez le médecin. *X* doit aussi essayer de manger plus et de faire les activités qu'elle aimait faire avant.

2 *X* a quinze ans, elle est élève au lycée. Ce trimestre, elle est devenue très déprimée parce que ses parents ont divorcé et elle a beaucoup maigri. Avant, elle était animée et aimable.

b *X* doit penser à ses victimes et aller à la gendarmerie. *X* doit visiter un centre de rééducation pour l'aider à arrêter sa dépendance.

3 *X* a seize ans et il a des ennuis avec la police. Il prend des drogues et pour les acheter, il vole à l'étalage. Samedi dernier, il a aussi volé un sac à main d'une vieille dame. En ce moment la police le recherche.

c *X* doit parler avec ses profs et avec ses parents. S'ils ne font rien pour résoudre ce problème, *X* peut téléphoner à SOS enfants.

h

A toi! Write about a problem that concerns you. Try to write 90 words.

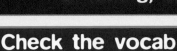

Check the vocab

Je fume./Je ne fume pas.	*I smoke./I don't smoke.*
Je fume dix cigarettes par jour.	*I smoke ten cigarettes a day.*
Je n'ai pas peur du cancer.	*I'm not afraid of cancer.*
Je me suis habitué(e) à fumer.	*I've got used to smoking.*
Je suis pour/contre le tabac.	*I'm for/against tobacco.*
Je ne bois pas d'alcool.	*I don't drink alcohol.*
Je bois du vin/du cidre.	*I drink wine/cider.*
Je bois de la bière chaque jour.	*I drink beer every day.*
J'ai envie d'arrêter de boire.	*I want to give up drinking.*
Je ne prends pas de drogue.	*I don't take any drugs.*
J'ai peur de devenir drogué(e).	*I'm afraid of becoming a drug addict.*
Il me faut perdre l'habitude.	*I've got to kick the habit.*
C'est une maladie.	*It's a sickness.*
Je fais ça tous les jours/ le week-end/pas souvent.	*I do that every day/at the weekend/rarely.*
Tous mes ami(e)s font ça.	*All my friends do it.*
Mes ami(e)s m'encouragent.	*My friends encourage me.*
Je trouve ça dangereux.	*I find it dangerous.*

Teenage concerns

Test yourself

Question 1: Je suis une fille de dix-sept ans et je fume depuis six ans. Je veux arrêter de fumer parce que c'est mauvais pour la santé, mais j'ai peur de grossir, si je l'arrête. Quoi faire?

Question 2: J'ai un frère de dix-huit ans qui est drogué. Il prend des drogues tous les jours avec ses amis au centre-ville. Il n'habite plus chez nous, parce que mes parents l'ont expulsé de la maison, mais je le visite de temps en temps au centre-ville. Comment l'aider?

Question 3: L'année dernière, mon père a perdu son emploi à l'usine. Depuis ça, il n'a plus travaillé et il reste tous les jours dans l'appartement à boire de l'alcool et à regarder la télévision. Ma mère ne fait rien, parce qu'elle n'a pas de temps pour lui, mais je veux bien l'aider. Mais comment?

h

C'est pour quelle question?

a) Jette les bouteilles de vin et whiskey, etc.

b) Fais du sport et arrête la bêtise avec le tabac.

c) Il doit dire non aux drogues.

A toi! Write to the problem page about an imaginary smoking, drugs or alcohol related problem that has affected your family. Write at least 60 words. Then swap your problem with a friend and write answers for each other.

BBC GCSE Check and Test: French

Teenage concerns

Check the vocab

Il y a trop de circulation.	*There's too much traffic.*
Il y a trop de camions et de voitures sur les routes.	*There are too many lorries and cars on the roads.*
Les embouteillages sont partout/terribles.	*The traffic jams are everywhere/terrible.*
Pendant l'heure d'affluence, les voitures ne roulent pas.	*Cars don't move in rush hour.*
La qualité de l'air est atroce.	*The air quality is terrible.*
La ville est très polluée.	*The city is very polluted.*
Même les espaces verts sont enfumés.	*Even green areas are covered in fumes.*
Il y a des déchets partout.	*There's rubbish everywhere.*
Les trottoirs sont sales.	*The pavements are dirty.*
Les zones piétonnes sont une bonne idée.	*Pedestrian zones are a good idea.*
On utilise trop d'énergie.	*We use too much energy.*
Les animaux sont en danger.	*Animals are in danger.*
Les forêts/les fleurs/les animaux ont besoin de protection.	*Forests/flowers/animals need protection.*
La pollution est un grand problème pour le monde.	*Pollution is a big problem for the world.*

Test yourself

L'air est important

La vie et la santé de tous les gens, les animaux, les fleurs, les forêts, les monuments etc. etc. sont mis en danger parce que nous polluons notre planète. Les gaz d'échappement, les feux de forêt et l'industrie sont responsables de l'émission de gaz toxiques dans l'atmosphère. Et c'est ça qui diminue la qualité de l'air.

Il y a plusieurs formes de pollution de l'air – les pluies acides, le smog, la diminution de la couche d'ozone, et l'effet de serre.

(h) L'air est nécessaire à la survie. Sans air, on ne vivrait pas. On n'aurait pas de protection contre les rayons UV du soleil et la température de jour serait beaucoup trop chaude.

Lisez l'article et notez ces choses en anglais.

Exemple: a) people, . . .

a) List four things threatened by pollution.
b) List three causes of pollution.
c) List three forms of air pollution.
d) List two consequences of air pollution.

A toi!

List the problems mentioned in the 'Check the vocab' section in the order of importance to you.

Check the vocab

Je prends beaucoup de bouteilles au centre de recyclage.	*I take a lot of bottles to the recycling centre.*
Je ne jette pas de déchets par terre.	*I don't throw rubbish on the ground.*
Je prends les transports en commun.	*I use public transport.*
Je vais partout à vélo.	*I go everywhere by bike.*
Je me douche tous les matins.	*I shower every morning.*
Je réduis la température du chauffage central.	*I turn down the central heating.*
Je ferme les portes/les fenêtres.	*I close doors/windows.*
Je protège les plantes/les animaux en danger.	*I protect endangered plants/animals.*
La pollution de la mer m'inquiète.	*Sea pollution worries me.*
L'environnement m'inquiète.	*The environment worries me.*
L'environnement m'ennuie.	*The environment bores me.*

Teenage concerns

Test yourself

Ocset

Avec Supermarché Ocset, agissons pour protéger l'environnement.

Pensez à utiliser vos sacs recyclables.

What is this supermarket asking you to do?

A toi! How do you help the environment? Write a text (50 words) to explain what you do and don't do and what your worries about the environment are.

BBC GCSE Check and Test: French

Work life

Check the vocab

Je fais du babysitting.	I babysit.
Je distribue les journaux.	I deliver newspapers.
Je travaille dans un bureau.	I work in an office.
Je fais du jardinage.	I do gardening.
Je travaille comme garçon de café.	I work as a waiter.
Je commence à huit heures.	I start at eight o'clock.
Je finis à quatre heures.	I finish at four o'clock.
Je travaille six heures au magasin.	I work six hours in a shop.
Je travaille le samedi.	I work on Saturdays.
Je gagne six euros de l'heure.	I earn six euros an hour.
Je fais des économies.	I'm saving.
Je n'ai pas de petit emploi.	I haven't got a job.
C'est varié/intéressant.	It's varied/interesting.
C'était fatigant/bien payé.	It was tiring/well-paid.

Test yourself

Léo: L'année dernière j'avais un emploi dans un café. J'y travaillais le samedi – je prenais les commandes des clients at je faisais la vaisselle dans la cuisine. Je commençais à neuf heures le matin et je finissais à trois heures l'après-midi. L'emploi était très ennuyeux et le patron était impoli et méchant. Mais c'était bien payé – dix euros de l'heure.

Martine: Je travaille parce que je veux faire des économies. Je fais du babysitting et je trouve ça formidable. Je travaille le lundi soir de six heures à huit heures et puis le week-end, je travaille le samedi de deux heures à sept heures. Je dois jouer avec les enfants et préparer leur repas. Je gagne cinq euros de l'heure, mais j'aime bien l'emploi et les enfants.

(h)

C'est Léo ou Martine?

Exemple: a) Martine

a) Qui trouve l'emploi positif?
b) Qui n'aime pas le patron?
c) Qui travaille dans une maison?
d) Qui gagne le plus d'argent de l'heure?
e) Qui travaille le matin?

A toi!

Write 100 words about a job you had. Write what you had to do, the hours you worked, how much you earned and what you thought of it.

Check the vocab

J'ai fait un stage d'entreprise.	*I did work experience.*
J'ai aidé les clients.	*I helped the clients.*
J'ai travaillé dans une usine.	*I worked in a factory.*
J'ai organisé des rendez-vous.	*I organised meetings.*
J'ai livré/tapé des lettres.	*I delivered/typed letters.*
J'ai répondu au téléphone.	*I answered the phone.*
J'ai fait des photocopies.	*I did photocopying.*
J'ai travaillé sur l'ordinateur.	*I worked on the computer.*
Tout le monde était sympa.	*Everybody was nice.*
Les gens étaient horribles.	*The people were awful.*
C'est X à l'appareil.	*It's X on the phone.*
Allô, Monsieur/Madame X.	*Hello, Mr/Mrs X.*
Est-ce que je peux parler à X?	*Can I talk to X?*
Je peux laisser un message?	*Can I leave a message?*
Quel est votre numéro de téléphone?	*What's your phone number?*
Je rappellerai plus tard.	*I'll ring back later.*
un répondeur	*answering machine*
un téléphone portable	*mobile phone*

Work life

Test yourself

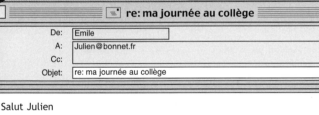

re: ma journée au collège

De:	Emile
A:	Julien@bonnet.fr
Cc:	
Objet:	re: ma journée au collège

Salut Julien

Enfin, le stage d'entreprise est terminé! J'ai passé quatre semaines dans un petit bureau en ville. Chaque matin, je prenais le train pour arriver au bureau à huit heures et demie.

Voilà une journée typique: D'abord, je faisais du café pour le patron et les secrétaires et puis je distribuais le courrier. Après, je faisais des photocopies ou j'allais acheter des sandwiches pour les employés. De temps en temps, j'allais aussi à la poste pour acheter des timbres. Le soir, je quittais le bureau à quatre heures et je prenais le train pour rentrer à la maison. Le stage était nul et les gens étaient horribles. Je ne veux plus travailler dans un bureau! C'était comment ton stage? Ecris-moi bientôt!

Emile

Notez trois choses qu'Emile a faites pendant le stage. Notez aussi son opinion.

A toi! Write a reply to Emile about some work experience that you have done (real or imaginary), giving details of where, when and what it was like. Write at least 100 words.

BBC GCSE Check and Test: French

Work life

Check the vocab

un agent de police	police officer
le boucher/la bouchère	butcher
le boulanger/la boulangère	baker
le caissier/la caissière	cashier, check-out assistant
le chauffeur de taxi	taxi driver
le coiffeur/la coiffeuse	hairdresser
le directeur/la directrice	boss, head
un(e) employé(e) de banque	bank employee
un(e) employé(e) de bureau	office employee
un épicier/une épicière	grocer
le facteur/la factrice	postman/postwoman
le fermier/la fermière	farmer
un infirmier/une infirmière	nurse
le serveur/la serveuse	waiter/waitress
le vendeur/la vendeuse	sales assistant
le dentiste	dentist
le médecin	doctor
un ingénieur	engineer
le professeur	teacher
le propriétaire	landlord, owner
la secrétaire	secretary
une hôtesse de l'air	air stewardess
Je travaille comme médecin.	I work as a doctor.
Je suis au chômage.	I'm unemployed.
Je suis sans travail.	I haven't got a job.

Test yourself

Identifiez les six phrases vraies.

Exemple: b), . . .

a) Un facteur distribue des journaux.
b) Un médecin travaille dans un centre médical.
c) Une vendeuse travaille dans un bureau.
d) Une infirmière travaille à l'hôpital.
e) Un chauffeur de taxi doit avoir un permis de conduire.
f) Un professeur n'est pas dans l'enseignement.
g) Une hôtesse de l'air travaille dans une usine.
h) Si on est sans travail, on est au chômage.
i) Un fermier a des moutons et des vaches.
j) Une serveuse travaille dans un café.
k) Le boulanger vend des fruits et des légumes.

www.bbc.co.uk/revision

Test yourself

Trouvez les métiers a–j dans la grille. Qu'est-ce que cela signifie en anglais?

Exemple: a) médecin (doctor)

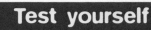

c)

a)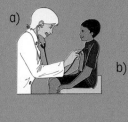

e)

b)

d)

C	A	I	S	S	I	E	R	E	I	L	P
O	W	N	C	R	N	G	D	H	B	M	P
I	V	E	N	D	E	U	S	E	E	L	R
F	S	B	J	O	K	M	E	D	V	X	O
F	A	C	T	E	U	R	D	A	E	A	F
E	U	T	Y	D	E	N	T	I	S	T	E
U	M	C	T	N	C	A	R	O	P	V	S
S	E	R	V	E	U	R	G	T	F	E	S
E	A	Y	R	E	P	I	C	I	E	R	E
M	E	D	E	C	I	N	E	M	D	I	U
F	I	N	F	I	R	M	I	E	R	E	R

f)

h)

j)

g)

i)

Work life

BBC GCSE Check and Test: French

A toi! Choose ten jobs from the 'Check the vocab' section and write a sentence about each one, giving details such as where that person works and what they do. Try to give your opinion of the job.

Work life

www.bbc.co.uk/revision

Check the vocab

une offre d'emploi	*job offer*
poser sa candidature	*to apply for a job*
le curriculum vitae	*curriculum vitae*
le salaire	*salary*
les horaires	*hours*
le jour de congé	*day off*
bien/mal payé	*well/badly paid*

Test yourself

JOSH LESLIE • 98 MANOR ROAD • LONDON, W4 1GH

Hotel d'Anjou

67, rue des Vins

12896 Petiteville, France

Londres, le 4 octobre

Monsieur/Madame

J'ai récemment lu votre offre d'emploi sur l'internet. Je serais très intéressé à travailler en France et je voudrais maintenant poser ma candidature pour cet emploi dans votre hôtel. En ce moment, je suis au chômage, mais l'année dernière je travaillais dans un grand hôtel touristique au centre-ville. J'aimais beaucoup aider les touristes et servir les clients pour rendre leur séjour à l'hôtel aussi confortable que possible. Je vous envoie mon curriculum vitae et j'éspère que vous le prendrez en considération.

Pouvez-vous aussi m'envoyer les détails du salaire, des jours de congé et les horaires d'emploi? Je vous remercie d'avance.

Veuillez accepter, Monsieur/Madame, l'expression de mes sentiments respectueux.

Josh Leslie

Répondez aux questions en anglais.

Exemple: a) job offer

a) What has Josh read about on the Internet?

b) Why is Josh writing this letter?

c) Where does Josh work at the moment?

d) Why did he enjoy working last summer?

e) What is Josh sending with his letter?

f) What three things does Josh want further details about?

A toi! Write a letter in response to an advert for a job in a department store in Paris. Say why you are interested in the job, give details of any relevant experience you have and ask to be sent some further details.

Check the vocab

Je vais chercher un emploi sans responsabilité.	*I'll look for a job with no responsibility.*
Je chercherai un travail bien payé.	*I'll look for a well-paid job.*
Le salaire est important.	*The salary is important.*
Je vais continuer la formation professionelle.	*I'll carry on with a professional training.*
J'aimerais bien travailler dans le commerce/marketing.	*I'd like to work in business/marketing.*
Mon ambition, c'est de travailler dans le tourisme.	*My ambition is to work in tourism.*
J'aimerais un travail en plein air.	*I'd like an outside job.*
Je veux travailler à l'étranger.	*I want to work abroad.*
J'aimerais travailler en France.	*I'd like to work in France.*
Je voudrais me marier.	*I'd like to get married.*
Je veux bien avoir des enfants.	*I want to have children.*
Je ne sais pas quoi faire dans la vie.	*I don't know what to do with my life.*

h

Work life

Test yourself

C'est Henri, Michel ou Nabila?

Exemple: a) Michel

a) Qui a des disputes avec son père?

b) Qui a des parents sévères?

c) Qui trouve le salaire peu important?

d) Qui veut faire une profession médicale?

e) Qui habite dans une petite ville?

f) Qui n'a pas de problème avec sa famille?

h

Qu'est-ce que tu vas faire après avoir quitté le collège?

Nous avons posé cette question à trois jeunes étudiants canadiens. Et voilà leurs réponses:

Henri: Après le collège, je voudrais bien travailler dans un magasin, parce que j'aimerais avoir beaucoup de contact avec les gens. Le boulot au magasin n'est pas bien payé, mais je veux bien y travailler quand même. Ma mère est contente que je travaille au magasin.

Michel: Mes parents sont fermiers et ils veulent que je travaille à la ferme, quand je quitterai le collège. Mais je voudrais bien devenir médecin. Nous nous disputons tout le temps chez nous, et mon père est très fâché et déçu avec moi.

Nabila: En ce moment, je suis au chômage et j'ai de grandes difficultés à trouver un emploi. Il n'y a pas beaucoup d'emplois dans ma ville, alors c'est très difficile pour moi. Je veux bien aller à l'étranger pour trouver un emploi, mais mes parents ne me permettent pas de faire ça. C'est pénible.

BBC GCSE Check and Test: French

A toi!

What are your plans for the future?
Write a text of 60–80 words to describe them.

Grammar

Check the facts

To say 'the' in French, use **le, la, l'**. To say 'a', use **un** and **une**.

Le and **un** words are 'masculine' – (m) for short, and **la** and **une** words are 'feminine' – (f) for short. If you're not sure whether a French word is masculine or feminine, you can look it up in the dictionary:

vélo (m) – le/un vélo (masculine)

voiture (f) – la/une voiture (feminine)

If a noun begins with 'a', 'e', 'i', 'o', 'u' or 'h', use **l'** for 'the'.

autobus (m) – l'autobus/un autobus (masculine)

homme (m) – l'homme/un homme (masculine)

église (f) – l'église/une église (feminine)

Test yourself

Are these nouns masculine or feminine? Use a dictionary if you are not sure.

Exemple: a) le climat/un climat

a) climat

b) paire

c) trou

d) achat

e) surprise

f) programme

g) logement

h) offre

i) métier

j) queue

Grammar

Check the facts

With plural nouns ('books', 'girls', 'presents'), you use **les** to mean 'the':

homme (m) – les hommes (masculine plural)
fille (f) – les filles (feminine plural)

Most French nouns form their plural like English – you just add an '**s**' on the end:

un chien – deux chien**s**
un hamster – deux hamster**s**

With a noun that ends in '**eau**' add an '**x**' to make it plural:

un château – deux château**x**
un gâteau – deux gâteau**x**

Nouns that end in '**s**', '**x**', '**z**' stay the same:

un souris – deux souris
une voix – deux voix
un nez – deux nez

Nouns that end in '**al**' usually change to '**aux**':

un cheval – deux chev**aux**
un animal – deux anim**aux**

Un œil changes to deux yeux.

Test yourself

Label the pictures.

Exemple: a) trois poires

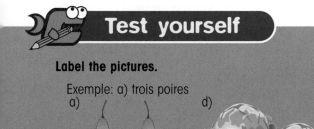

a)

b)

c)

d)

e)

f)

g)

BBC GCSE Check and Test: French

Grammar

Check the facts

Du, de la, de l' and **des** mean 'some' or 'any' in French. In English, we often leave this out altogether:

Je bois du café.	*I drink coffee.*
J'achète de l'eau.	*I'm buying some water.*

Use **du** for masculine **le** nouns.

Je bois du vin.	*I drink wine.*
J'aime manger du pâté.	*I like eating paté.*

Use **de la** for feminine **la** nouns.

Je mange de la viande.	*I eat meat.*
J'ai acheté de la salade.	*I've bought some salad.*

Use **de l'** for masculine and feminine **l'** nouns.

J'achète de l'eau.	*I'm buying some water.*
Je déteste manger de l'ananas.	*I hate eating pineapple.*

Use **des** for masculine and feminine plural **les** nouns.

J'ai des tartines.	*I've got some slices of bread and butter.*
Je voudrais des abricots.	*I'd like some apricots.*

Use **de/d'** for negative sentences.

Je n'ai pas de copains.	*I haven't got any friends.*
Il n'a jamais de temps.	*He never has any time.*
Je n'ai plus d'essence.	*I haven't got any more petrol.*
Je n'ai pas d'argent.	*I haven't got any money.*

Test yourself

Fill in the gaps with du, de la, de l', des **or** de.

Exemple: a) Je mange des frites.

a) Je mange .... frites.
b) Il faut acheter .... chocolat.
c) Je bois .... limonade.
d) Je ne mange jamais .... bœuf.
e) Avez-vous .... eau minérale?
f) Je cherche .... pâtes.
g) J'aime bien boire .... vin le soir.
h) As-tu mangé .... carottes?
i) Tu peux me passer .... huile, s'il vous plaît?
j) Je ne bois plus .... alcool.

Check the facts

Adjectives are words which describe nouns. Adjectives have different endings, depending on the noun they are describing. If the noun is masculine singular (le or un), the adjective doesn't change. However, if the adjective is feminine (la) or plural (les), it normally has a different ending:

masculine **le** nouns (no ending)   Le jardin est grand.
feminine **la** nouns (**e** ending)   La salle est grande.
masculine plural **les** nouns (**s** ending)   Les jardins sont grands.
feminine plural **les** nouns (**es** ending)   Les salles sont grandes.

However, there are some exceptions:

masculine	m. plural	feminine	f. plural
beau (*nice looking*)	beau**x**	be**lle**	be**lles**
vieux (*old*)	vieu**x**	vie**ille**	vie**illes**
nouveau (*new*)	nouveau**x**	nouve**lle**	nouve**lles**
bon (*good*)	bon**s**	bon**ne**	bon**nes**
blanc (*white*)	blanc**s**	blan**che**	blan**ches**
gros (*fat*)	gros	gro**sse**	gro**sses**
affreux (*awful*)	affreux	affreu**se**	affreu**ses**
ennuyeux (*boring*)	ennuyeux	ennuyeu**se**	ennuyeu**ses**

Sympa, **marron**, **extra** and **super** always stay the same.
C'était un film extra.   *It was a great film.*
J'ai les cheveux marron.   *I've got brown hair.*

In French, **most adjectives come after the noun** they are describing:
J'ai les cheveux noirs.   *I've got black hair.*
Elle porte une chemise bleue.   *She's wearing a blue shirt.*

But, remember that **grand**, **petit**, **nouveau**, **vieux**, **jeune**, **bon**, **mauvais**, **beau** and **gros** come before the noun:
J'ai une grande chambre.   *I've got a big room.*
C'était un jeune garçon.   *It was a young boy.*

Test yourself

Add an adjective to each sentence.

Exemple: a) Mon frère est très sympa.

a) Mon frère est très .... (sympa)

b) Il a des yeux .... (bleu)

c) J'ai visité une .... ville. (vieux)

d) Les salles sont trop .... (petit)

e) Je n'aime pas ce .... temps. (mauvais)

f) Je trouve la physique très .... (ennuyeux)

g) Ses chaussures sont toujours ....(sale)

h) C'était une journée ....(moche)

Grammar

BBC GCSE Check and Test: French

Grammar

Check the facts

Prepositions describe the location of something:

à	to, at	**en face de**	opposite
au/à la/aux	to the, at the	**entre X et Y**	between X and Y
à côté de	beside	**près de**	near to
dans	in	**sous**	underneath
derrière	behind	**sur**	on top of
devant	in front of		

Prepositions also give further details of location:

au fond de	at the bottom of/at the end of
au milieu de	in the middle of
autour de	around
contre	against
de l'autre côté (de)	on the other side (of)
dedans	inside
dehors	outside
en bas/en haut	below/on top
là-bas	over there
partout	everywhere
vers	towards, near

Other useful prepositions:

avec	with	**avant**	before
sans	without	**pendant**	during
après	after	**pour**	for

Test yourself

Cover up the 'Check the facts' section and fill the gaps with the correct preposition. Exemple: a) Le cadeau est dans la boîte.

a) Le cadeau est .... la boîte. (*in*)

b) Le chat est .... la table. (*under*)

c) Le stade est .... la gare. (*beside*)

d) Le stylo est .... la télé. (*on*)

e) L'homme a disparu .... le magasin. (*behind*)

f) J'y suis allé .... ma sœur. (*with*)

g) La bibliothèque est .... (*over there*)

h) Le bateau est .... lac. (*at the bottom of*)

i) .... le dîner, on regarde un film. (*after*)

j) .... les vacances, je travaillais au café. (*during*)

www.bbc.co.uk/revision

Check the facts

Conjunctions are small words that link sentences to make them longer and more interesting.

et	*and*	**après**	*afterwards*
mais	*but*	**d'abord**	*firstly*
ou	*or*	**enfin**	*finally*
parce que	*because*	**ensuite**	*next*
car	*for, because*	**plus tard**	*later*
quand	*when*	**donc**	*so, therefore*
alors	*then, so*	**cependant**	*however*
puis	*then*		

Je suis jeune mais il est vieux. — *I'm young but he's old.*

Je ne vais pas à la boum parce que je suis malade. — *I'm not going to the party because I'm ill.*

Je vais en France et puis je vais en Italie. — *I'm going to France and then I'm going to Italy.*

Je vais porter une robe ou un pantalon. — *I'm going to wear a skirt or trousers.*

Test yourself

Link these sentences with a suitable conjunction.

Exemple: a) J'aime écouter de la musique et aller aux boums.

a) J'aime écouter de la musique. J'aime aller aux boums.

b) J'aime bien la robe. Elle est trop petite.

c) La voiture est tombée en panne. Nous n'avons plus d'essence.

d) Ce soir, je fais les devoirs. Ce soir, je regarde la télé.

e) A six heures je me lève. A six heures dix je me lave.

f) Le match était nul. J'ai quitté le stade immédiatement.

g) Cet été, j'ai rendu visite à ma grand-mère. Je suis allé à Lyon.

h) Le café est formidable. On y vend des glaces fantastiques.

i) Elles étaient heureuses. Elles ont vu leur chanteur favori.

j) Je suis végétarien. Je voudrais manger un steak.

Grammar

BBC GCSE Check and Test: French

Check the facts

In French, some verbs are followed directly by another verb in the infinitive form. (The infinitive is the part of the verb that you find in dictionaries.)

aimer *to like*
> J'aime faire du ski. *I like skiing.*

préférer *to prefer*
> Je préfère faire de la natation. *I prefer swimming.*

détester *to hate*
> Je déteste faire du sport. *I hate doing sport.*

espérer *to hope*
> J'espère étudier en fac. *I hope to study at university.*

vouloir *to want to*
> Je veux aller à Paris. *I want to go to Paris.*

pouvoir *to be able to*
> Je ne peux pas faire *I can't do my homework.*
> mes devoirs.

devoir *to have to*
> On doit rester à la maison. *We have to stay at home.*

The expressions **il faut** (*you have to*) and **pour** (*in order to*) also take an infinitive:
> Il faut arrêter ça. *You have to stop that.*
> J'y vais pour faire des achats. *I go there to shop.*

Test yourself

Translate these sentences into French.

Exemple: a) Je peux courir vite.

a) I can run fast.

b) I like playing basketball.

c) I have to do my homework.

d) I want to go to Germany.

e) I hate listening to music.

f) I like going for walks.

g) I'm going to town in order to go to the cinema.

h) I prefer eating fruit.

i) I hope to go to the party.

j) I'm eating soup in order to stay fit.

Check the facts

Talking about events happening in the present.

maintenant	*now*	**samedi/lundi**	*on Saturday/Monday*
en ce moment	*at the moment*	**le samedi/lundi**	*on Saturdays/Mondays*
aujourd'hui	*today*	**bientôt**	*soon*
ce matin	*this morning*	**tôt**	*early*
cet après-midi	*this afternoon*	**de bonne heure**	*early*
ce soir	*this evening*	**tard**	*late*
dans un instant	*in an instant*		

Talking about events that happened in the past.

hier	*yesterday*
avant-hier	*the day before yesterday*
avant	*before*
dans le passé	*in the past*
samedi dernier	*last Saturday*
l'année dernière	*last year*

Talking about events that are going to happen in the future.

demain	*tomorrow*
après-demain	*the day after tomorrow*
le lendemain	*the next day*
dans l'avenir	*in the future*
l'été prochain	*next summer*
la semaine prochaine	*next week*

Grammar

Test yourself

Cover up the vocabulary above and translate these expressions into French.

Exemple: a) l'année prochaine

a) next year

b) on Wednesdays

c) the day after tomorrow

d) today

e) yesterday

f) this morning

g) last month

h) at the moment

i) next winter

j) tomorrow

Grammar

Check the facts

Avoir (to have) and être (to be) are two key verbs you need to know off by heart. Here they are in the present tense:

avoir (*to have*)	être (*to be*)
j'ai	je suis
tu as	tu es
il/elle/on a	il/elle/on est
nous avons	nous sommes
vous avez	vous êtes
ils/elles ont	ils/elles sont

And here they are in the imperfect tense:

j'avais (*I had*)	j'étais (*I was*)
tu avais	tu étais
il/elle/on avait	il/elle/on était
nous avions	nous étions
vous aviez	vous étiez
ils/elles avaient	ils/elles étaient

Useful expressions with avoir:

Il n'y a pas de (fromage).	*There's no (cheese).*
Il y a (deux enfants).	*There are (two children).*
Il y avait (deux enfants).	*There were (two children).*
Il y a (deux ans).	*Two years ago.*
J'ai besoin d'(un stylo).	*I need (a pen).*
Tu as raison/ tort.	*You're right/ wrong.*
J'ai de la chance.	*I'm lucky.*
J'ai soif/faim/peur.	*I'm thirsty/hungry/scared.*
J'en ai marre.	*I'm fed up.*

Test yourself

Complete a–e with avoir and f–j with être in the present tense.

Exemple: a) Il a douze ans.

a) Il .... douze ans.
b) Nous .... un hamster et un chien.
c) ....-tu des frères ou des sœurs?
d) Elles n' .... pas de patience.
e) Vous .... une belle salle de séjour.
f) Il .... boucher.
g) Nous .... en retard.
h) Je .... anglais.
i) Vous .... très jolie.
j) Ils .... chez ses cousins.

Check the facts

Use the present tense to talk about what somebody is doing now or does regularly.

For regular verbs ending in 'er', such as **jouer** (to play), remove the 'er' ending and add the following endings:

je joue	nous jouons
tu joues	vous jouez
il/elle/on joue	ils/elles jouent

For regular verbs ending in 'ir', such as **finir** (to finish), remove the 'ir' ending and add the following endings:

je finis	nous finissons
tu finis	vous finissez
il/elle/on finit	ils/elles finissent

For regular verbs ending in 're', such as **attendre** (to wait), remove the 're' ending and add the following endings:

j'attends	nous attendons
tu attends	vous attendez
il/elle/on attend	ils/elles attendent

Use **depuis** (*since, for*) with the present tense to say how long somebody has been doing something.

J'habite ici depuis dix ans.   *I've been living here for ten years.*

J'apprends l'anglais depuis 2001.   *I've been learning English since 2001.*

Test yourself

Write these regular verbs out in the present tense.

Exemple: a) j'écoute, tu écoutes, il/elle/on écoute, nous écoutons, vous écoutez, ils/elles écoutent

a) écouter
b) habiter
c) parler
d) vendre
e) descendre
f) choisir

Grammar

BBC GCSE Check and Test: French

Check the facts

Some verbs in the present tense follow an irregular pattern, which you need to learn separately. Here are four verbs you should be familiar with:

aller *to go*

je vais	nous allons
tu vas	vous allez
il/elle/on va	ils/elles vont

faire *to do*

je fais	nous faisons
tu fais	vous faites
il/elle/on fait	ils/elles font

pouvoir *to be able to*

je peux	nous pouvons
tu peux	vous pouvez
il/elle/on peut	ils/elles peuvent

vouloir *to want*

je veux	nous voulons
tu veux	vous voulez
il/elle/on veut	ils/elles veulent

You'll find further examples of irregular verbs in the verb tables in your textbook or a dictionary.

Test yourself

Fill in the gaps. You might need your textbook or a dictionary to help you.

Exemple: a) Je peux aller à la boum.

a) Je .... aller à la boum. (pouvoir)
b) Nous .... y aller en bateau. (vouloir)
c) Ils .... partout en vélo. (aller)
d) Tu .... les devoirs, n'est-ce pas? (faire)
e) Il .... trop de cidre. (boire)
f) On .... dans un dortoir. (dormir)
g) ....-vous ce soir? (sortir)
h) Je .... un sac au collège. (prendre)
i) Il .... un livre de science-fiction. (lire)
j) Je ne te .... pas. (voir)

Check the facts

Use the imperative to give commands ('Go to bed!' 'Close the door!'). There are two imperative forms in French, the tu form and the vous form.

If you are telling a friend, a member of your family or a child what to do, use the **tu** form. This is just the same as the present tense **tu** form but without the word **tu**. For 'er' verbs, you also take off the final 's'.

Tu parles lentement.	*You speak slowly.*
Parle lentement!	*Speak slowly!*
Tu prends des pastilles.	*You are taking pastilles.*
Prends des pastilles!	*Take some pastilles!*
Tu bois du lait.	*You drink milk.*
Bois du lait!	*Drink milk!*

If you are telling more than one person, or an older person you don't know well, what to do, use the **vous** form. This is just the same as the present tense **vous** form but without the word **vous**.

Parlez lentement!	*Speak slowly!*
Prenez des pastilles!	*Take some pastilles!*
Buvez du lait!	*Drink milk!*

If you are telling somebody not to do something, use **ne (+ imperative) pas.**

Ne parlez pas lentement!	*Don't speak slowly!*
Ne prends pas de pastilles!	*Don't take any pastilles!*

Some important imperatives to remember are:

faire	Fais/Faites attention!	*Watch out!*
avoir	Aie/Ayez courage!	*Be brave!*
être	Ne sois/soyez pas en retard!	*Don't be late!*

Test yourself

Turn the following sentences into commands.

Exemple: a) Regarde le tableau!

a) Tu regardes le tableau.
b) Vous allez à gauche.
c) Tu prends la première rue à droite.
d) Vous faites attention.
e) Vous ne perdez pas cette montre.
f) Vous envoyez les lettres.
g) Tu n'achètes pas cette voiture.
h) Vous n'avez pas peur.

Grammar

Check the facts

Use the perfect tense to describe an event that happened in the past, i.e. `I played football` or `I have played football`.

The perfect tense in French is made up of two parts:

present tense part of **avoir/être** (see page 92), which is known as the auxiliary verb, and the past participle of the verb.

Forming a past participle:

For **er** verbs, replace the **er** with **é**: regarder – regardé

For **ir** verbs, replace the **ir** with **i**: finir – fini

For **re** verbs, replace the **re** with **u**: descendre – descendu

J'ai + joué.	*I played.*
Il est + allé.	*He went.*
Nous avons + trouvé.	*We found.*

Not all verbs follow this pattern, some have irregular participles:

avoir	j'ai eu	*I had*
boire	j'ai bu	*I drank*
devoir	j'ai dû	*I had to*
dire	j'ai dit	*I said*
écrire	j'ai écrit	*I wrote*
être	j'ai été	*I was*
faire	j'ai fait	*I did*
lire	j'ai lu	*I read*
mettre	j'ai mis	*I put on*
pouvoir	j'ai pu	*I could*
prendre	j'ai pris	*I took*
voir	j'ai vu	*I saw*
vouloir	j'ai voulu	*I wanted*

Test yourself

What are the past participles of these verbs?

Exemple: a) joué

a) jouer

b) vendre

c) quitter

d) avoir

e) attendre

f) dormir

g) être

h) lire

i) mettre

j) faire

www.bbc.co.uk/revision

Check the facts

Most verbs form the perfect tense with avoir:

J'ai écouté.	*I listened.*
Il a trouvé.	*He found.*
Nous avons dormi.	*We slept.*

However, the following verbs form the perfect tense with être (see page 92):

aller	allé	*went*
arriver	arrivé	*arrived*
descendre	descendu	*went down*
entrer	entré	*entered*
montrer	montré	*went up*
mourir	mort	*died*
naître	né	*born*
partir	parti	*left*
rentrer	rentré	*went home*
rester	resté	*stayed*
retourner	retourné	*returned*
sortir	sorti	*left*
tomber	tombé	*fell*
venir	venu	*came*

. . . and all reflexive verbs take **être** as well (see page 103).

When you use a verb with **être** in the perfect tense, the past participle agrees with who or what is doing the action of the verb and therefore needs the appropriate ending:

masculine singular	il est allé	(no ending)
feminine singular	elle est allée	(add 'e')
masculine plural	ils sont allés	(add 's')
feminine plural	elles sont allées	(add 'es')

Look at page 103 to see how to form the perfect tense of reflexive verbs.

Test yourself

Write these sentences in the perfect tense.

Exemple: a) J'ai posé une question.

a) Je pose une question.
b) Le marchand vend des fruits.
c) Il tombe par terre.
d) Tu dois rester au lit.
e) Elles arrivent à six heures du matin.
f) Nous descendons à minuit.
g) Je bois du lait et du coca.
h) Elle se couche à dix heures moins le quart.
i) Vous mangez trop de gras.
j) Ils s'intéressent aux musées.

Grammar

Check the facts

Use the imperfect tense to talk about:
• **how things were in the past**
• **what somebody was like or what they were doing**
• **an event that used to happen regularly in the past, or that was interrupted.**

J'étais triste.	*I was sad.*
Il avait mal aux dents.	*He had toothache.*
Il jouait au ping-pong.	*He was playing ping-pong.*
Je restais à la maison.	*I was staying at home.*
Je faisais du babysitting.	*I used to do babysitting.*
J'habitais à Bordeaux.	*I used to live in Bordeaux.*

To form the imperfect tense:

Use the **nous** part of the verb in the present tense, i.e. nous lisons, nous avons, take off the 'ons' ending and add these imperfect tense endings:

je faisais	*I was doing/used to do*
tu faisais	*you were doing/used to do*
il/elle/on faisait	*he/she/one was doing/used to do*
nous faisions	*we were doing/used to do*
vous faisiez	*you were doing/used to do*
ils/elles faisaient	*they were doing/used to do*

An exception to this is **être**, which is formed by adding the imperfect tense endings above to **'ét'**.

J'étais en colère.	*I was angry.*
Nous étions en vacances.	*We were on holiday.*

Test yourself

Write these verbs in the imperfect tense.

Exemple: a) je jouais

a) je joue   f) tu demandes
b) il est   g) on écrit
c) nous avons   h) vous portez
d) elle pense   i) elles font
e) je veux   j) j'ai

www.bbc.co.uk/revision

Check the facts

To talk about what you are going to do in the near future, use the present tense of aller (to go) followed by an infinitive.

Je vais aller au café.	*I'm going to go to the café.*
Il va manger une pomme.	*He's going to eat an apple.*
je vais jouer	*I'm going to play*
tu vas jouer	*you're going to play*
il/elle/on va jouer	*he/she/one is going to play*
nous allons jouer	*we're going to play*
vous allez jouer	*you're going to play*
ils/elles vont jouer	*they're going to play*

Here are some useful time expressions that you might use with 'aller' plus an infinitive.

demain	*tomorrow*
après-demain	*the day after tomorrow*
aujourd'hui	*today*
bientôt	*soon*
ce matin	*this morning*
ce soir	*this evening*
dans un instant	*in a minute*
maintenant	*now*
en ce moment	*now*

Test yourself

**Complete these sentences using aller + infinitive each time.
Use a range of verbs.**

Exemple: a) Demain, je vais visiter le château, ou je vais aller en ville.

a) Demain, je ....

b) Ce matin, il ....

c) Maintenant, on ....

d) Ce soir, vous ....

e) Aujourd'hui, elles ....

f) Dans un instant, tu ....

g) Bientôt, ils ....

h) Après-demain, nous ....

Grammar

BBC GCSE Check and Test: French

Grammar

Check the facts

Use the future tense to talk about events that will happen at some time in the future:

Je travaillerai à l'étranger.	*I'll work abroad.*
Il habitera en Angleterre.	*He'll live in England.*
Vous serez médecin.	*You will be a doctor.*

Forming the future tense:

Add the following endings to the infinitive (e.g. manger, descendre, choisir). If the infinitive ends in 'e', e.g. descendre, take the 'e' off.

je mangerai	*I will eat*
tu mangeras	*you will eat*
il/elle/on mangera	*he/she/one will eat*
nous mangerons	*we will eat*
vous mangerez	*you will eat*
ils/elles mangeront	*they will eat*

The following verbs are irregular in the future tense. You must add the future tense endings to these irregular stems:

avoir	j'aurai	*I will have*
être	je serai	*I will be*
aller	j'irai	*I will go*
faire	je ferai	*I will do*
voir	je verrai	*I will see*
pouvoir	je pourrai	*I will be able to*
devoir	je devrai	*I will have to*
vouloir	je voudrai	*I will want to*
venir	je viendrai	*I will come*

Test yourself

Write these verbs in the future tense.

Exemple: a) je jouerai

a) je joue

b) il est

c) nous avons

d) elle pense

e) je veux

f) tu demandes

g) on écrit

h) vous devez

i) elles font

j) j'ai

Check the facts

The conditional tense is recognised in English by the use of the word 'would'. It is also used to make a question sound more polite.

Je voudrais aller en France.	*I'd like to go to France.*
Elle aimerait jouer au golf.	*She would like to play golf.*
Vous achèteriez une maison.	*You would buy a house.*

Forming the conditional tense:

Add the following endings to the infinitive. You should notice that they are the same endings as the imperfect tense (page 98). If the infinitive ends in 'e', take the 'e' off, just as for the future tense (see page 100).

j'aimerais	*I would like*
tu aimerais	*you would like*
il/elle/on aimerait	*he/she/one would like*
nous aimerions	*we would like*
vous aimeriez	*you would like*
ils/elles aimeraient	*they would like*

The following verbs don't use the infinitive as a base, instead add the endings to the stems shown below, as for the future tense (see page 100):

avoir	j'aurais	*I would have*
être	je serais	*I would be*
aller	j'irais	*I would go*
faire	je ferais	*I would do*
voir	je verrais	*I would see*
pouvoir	je pourrais	*I would be able to*
devoir	je devrais	*I would have to*
vouloir	je voudrais	*I would like to*
venir	je viendrais	*I would come*

Test yourself

Complete these sentences in the conditional tense.

Exemple: a) Je voudrais habiter en Espagne.

a) Je .... habiter en Espagne. (vouloir)
b) Il .... aller au match. (vouloir)
c) Nous .... aller au spectacle. (aimer)
d) Je .... acheter une robe. (vouloir)
e) Vous .... manger une glace? (aimer)
f) S'il faisait beau, je .... au tennis. (jouer)
g) Si j'avais le temps, j'... au cinéma. (aller)
h) S'il faisait mauvais, ils .... chez eux. (rester)
i) Si elles gagnaient de l'argent, elles .... riches. (être)
j) S'il avait peur, il .... me téléphoner. (pouvoir)

Grammar

Check the facts

The pluperfect tense refers to the distant past, i.e. '*I had played football*' or '*We had gone to France*'.

The pluperfect tense in French is made up of two parts – the imperfect tense part of **avoir/être** (see page 92) and the past participle of the verb (see page 96):

J'avais + joué.	*I had played.*
Il était + allé.	*He had gone.*
Nous avions + trouvé.	*We had found.*

h

Forming past participles:

For **er verbs**, replace the **er** with **é**: regarder – regardé
For **ir verbs**, replace the **ir** with **i**: finir – fini
For **re verbs**, replace the **re** with **u**: descendre – descendu

See page 96 for a list of irregular past participles.

Test yourself

Translate the rest of these sentences into French.

Exemple: a) Avant de se coucher il avait regardé la télé.

a) Avant de se coucher ....(*he had watched TV*).

b) Pendant les vacances ....
(*she had visited the museum*).

c) .... (*We had been to Paris*)
mais on n'avait pas parlé un mot de français.

d) Il a téléphoné mais .... (*we had already left the house*).

e) Elle m'a envoyé une lettre mais ....
(*I had not received it*).

h

f) Nous sommes allées au cinéma mais ....
(*we had already seen the film*).

g) Avant d'aller en vacances ....
(*she had bought a new camera*).

h) Il m'a invité à l'accompagner au bal mais ....
(*I had already found a partner*).

i) Quand il est arrivé au stade il a découvert qu'.................................
(*he had lost his ticket*).

Check the facts

Reflexive verbs always have an extra pronoun after the subject pronoun je, tu, il, and so on. For example:

se laver *to wash yourself*	**s'amuser** *to enjoy yourself*
je me lave	je m'amuse
tu te laves	tu t'amuses
il/elle/on se lave	il/elle/on s'amuse
nous nous lavons	nous nous amusons
vous vous lavez	vous vous amusez
ils/elles se lavent	ils/elles s'amusent

s'appeler	*to be called*	**s'excuser**	*to excuse yourself*
se réveiller	*to wake up*	**s'habituer à**	*to get used to*
se baigner	*to bathe*	**s'intéresser à**	*to be interested in*
se lever	*to get up*	**se passer**	*to happen*
se coucher	*to go to sleep*	**se trouver**	*to be situated*
se reposer	*to rest*	**se promener**	*to walk*
s'asseoir	*to sit down*	**se retrouver**	*to meet up*
se disputer	*to argue*	**se sentir**	*to feel*
s'entendre avec	*to get on with*		

Reflexive verbs form the perfect tense with être. The reflexive pronoun goes before the verb, e.g. je me suis levé. The ending of the past participle must agree.

Elle s'est levée de bonne heure.	*She got up early.*
Ils se sont bien reposés.	*They rested well.*

In a negative sentence, the ne . . . pas surrounds the reflexive pronoun and verb.

Je **ne** m'intéresse **pas** à la musique.   I'm not interested in music.

Test yourself

Complete the sentences with a reflexive verb and pronoun (a–g: present tense, h–j: perfect tense). Exemple: a) Je m'intéresse au cinéma.

a) Je .... au cinéma. (s'intéresser)

b) Il .... bien à la boum. (s'amuser)

c) Nous .... au café le soir. (se retrouver)

d) Elles .... à dix heures. (se coucher)

e) Je .... (s'excuser)

f) Tu .... quand le week-end? (se réveiller)

g) Vous .... ici. (s'asseoir)

h) Hier, je .... dans le lac. (se baigner)

i) Hier, elle .... avec ses parents. (se disputer)

j) Hier, je ne .... bien avec mon frère. (s'entendre)

Check the facts

In French, the verbs below are sometimes followed by 'à' or 'de' and another verb in the infinitive form (see page 90 for more on infinitives):

essayer de   *to try to*
J'essaie de rester en forme.   *I try to keep fit.*

avoir envie de   *to want to*
J'ai envie de devenir médecin.   *I want to be a doctor.*

décider de   *to decide to*
J'ai décidé d'acheter des baskets.   *I've decided to buy some trainers.*

choisir de   *to choose to*
J'ai choisi de rester chez moi.   *I've chosen to stay at home.*

permettre de   *to allow to*
Ma mère me permet de fumer.   *My mother allows me to smoke.*

être en train de   *to be about to*
Je suis en train d'aller à l'école.   *I'm on the way to school.*

passer le temps à   *to spend time*
Je passe le temps à lire.   *I spend time reading.*

Test yourself

Complete these sentences so that they make sense.

Exemple: a) Je suis en train d'écrire une lettre.

a) Je suis en train de ....

b) Le soir, je passe le temps à ....

c) J'ai décidé de ....

d) Mes parents ne me permettent pas de ....

e) J'ai choisi de ....

f) J'essaie toujours de ....

g) Pendant les vacances, j'ai envie de ....

Check the facts

The most common way to form a negative in French is to put ne . . . pas either side of the verb.

Je ne suis pas malade.   *I'm not ill.*

Je ne joue pas du piano.   *I don't play the piano.*

Use **n' . . . pas** before 'a', 'e', 'i', 'o', 'u', 'h' and 'y'.

Je n'habite pas ici. *I don't live here.*

Other negative forms:

ne . . . plus	*no longer/more*
Il ne boit plus d'alcool.	*He no longer drinks alcohol.*
ne . . . jamais	*never*
Je n'achète jamais de chocolat.	*I never buy chocolate.*
ne . . . rien	*nothing/not anything*
Je ne sais rien.	*I don't know anything.*
ne . . . personne	*nobody/not anybody*
Je ne connais personne.	*I don't know anybody.*
Personne ne vient me voir.	*Nobody comes to visit me.*

(Notice how nobody is being used as a subject.)

In the perfect tense, the negative surrounds the 'avoir' or 'être' part of the verb (known as the auxiliary verb):

Je n'ai pas lu le livre.   *I didn't read the book.*

Il n'est pas allé au cinéma.   *He didn't go to the cinema.*

If you use a negative expression with a noun, use 'de' ('d'' before 'a', 'e', 'i', 'o', 'u', 'h').

Je ne mange pas de beurre.   *I don't eat butter.*

Je n'ai pas de stylo.   *I haven't got a pen.*

Je n'ai plus d'argent.   *I haven't got any money left.*

Test yourself

Make these sentences negative by writing the opposite.

Exemple: a) Je ne suis pas français.

a) Je suis français.

b) J'aime aller en vacances.

c) J'ai vu une fille.

d) J'ai encore trois abricots.

e) Je connais beaucoup de personnes.

f) Je vais souvent au café.

g) Je bois beaucoup de vin.

h) J'ai un frère.

i) J'ai des amis.

j) J'ai toujours rendu visite à mes grands-parents.

Grammar

www.bbc.co.uk/revision

Check the facts

Adverbs describe a verb or an adjective (to run *fast*, to eat *quickly*, to be *absolutely* brilliant).

To form an adverb, you usually add 'ment' to the feminine form of the adjective:

rapide	*rapid*	rapidement	*rapidly*
lente	*slow*	lentement	*slowly*
normale	*normal*	normalement	*normally*

Some more useful adverbs:

assez *rather, quite*
Je suis assez grande. *I'm quite tall.*

beaucoup *a lot, really*
J'aime beaucoup lire. *I really like reading.*

bien *well*
J'ai bien joué au football. *I played football well.*

déjà *already*
J'ai déjà lu ce livre-là. *I've already read that book.*

encore *still*
Il est encore étudiant. *He's still a student.*

mal *badly*
J'ai mal dormi. *I slept badly.*

(un) peu *(a) few, bit*
J'ai mangé un peu. *I ate a bit.*

quelquefois *sometimes*
Il est quelquefois aimable. *He's nice sometimes.*

récemment *recently*
J'étais récemment malade. *I was ill recently.*

souvent *often*
Je vais souvent au café. *I often go to the café.*

surtout *especially, particularly*
Il est surtout impoli. *He's especially rude.*

toujours *always*
Il porte toujours un t-shirt. *He always wears a T-shirt.*

tout de suite *immediately*
Ils sont arrivés tout de suite. *They arrived immediately.*

très *very*
Je suis très fâché(e). *I am very angry.*

trop *too*
Il a couru trop vite. *He ran too quickly.*

 **Test yourself**

Fill in the gaps with the correct adverb.

Exemple: a) Les gendarmes étaient là tout de suite.

a) Les gendarmes étaient là .... (*immediately*)

b) Il conduisait très .... (*slowly*)

c) .... , il prend l'autobus. (*normally*)

d) J'ai .... mal à la tête. (*always*)

e) J'aime le steak .... cuit. (*well*)

f) Il est .... en vacances. (*often*)

g) Elles ont .... visité le château. (*already*)

h) Nous sommes .... joyeuses. (*very*)

i) Je suis arrivée .... tard. (*too*)

j) Il est .... comique. (*quite*)

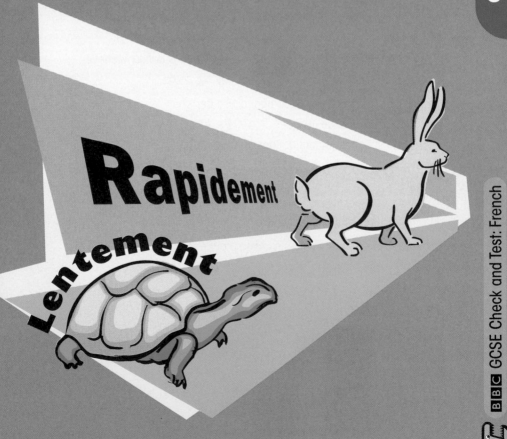

Check the facts

The words for 'my', 'his', 'your', and so on, change in French according to the noun they are describing:

	m. singular	f. singular	plural
my	mon	ma	mes
your (tu)	ton	ta	tes
his/her	son	sa	ses
our	notre	notre	nos
your (vous)	votre	votre	vos
their	leur	leur	leurs

Mon père est facteur. *My father is a postman.*
Ma mère est professeur. *My mother is a teacher.*
Mes grands-parents ne *My grandparents don't work.*
   travaillent pas.

For feminine nouns beginning with 'a', 'e', 'i', 'o', 'u' or 'h', use **mon, ton** or **son**:

Son amie s'appelle Michelle. *Her friend is called Michelle.*
Mon auto est vieille. *My car is old.*

To say something belongs to someone, use **de**:

C'est le vélo de Jacques. *It's Jacques' car.*
C'est l'appartement de Tom. *It's Tom's flat.*

Test yourself

Fill in the gaps with the correct possessive adjective.

Exemple: a) Je m'entends bien avec ma sœur.

a) Je m'entends bien avec .... sœur.

b) Il a perdu .... porte-monnaie.

c) Elles aiment .... nouveaux vêtements.

d) As-tu trouvé .... montre?

e) Nous trouvons .... maison trop petite.

f) Avez-vous lu .... lettres?

g) Je veux bien rendre visite à .... cousins.

h) Il a rendu visite à .... ami.

i) Ils n'ont pas fait .... devoirs.

j) Avez-vous téléphoné à .... père?

Grammar

www.bbc.co.uk/revision

Check the facts

Ce, **cet**, **cette** and **ces** mean 'this' or 'these' in French.

ce for masculine **le** nouns

J'aime ce magasin.	*I like this shop.*
Ce livre est super.	*This book is great.*

cet for masculine **l'** nouns

J'ai acheté cet anorak.	*I bought this jacket.*
Cet abricot est bon.	*This apricot is good.*

cette for feminine **la** nouns

J'aime cette fille.	*I like this girl.*
Cette bibliothèque est fermée.	*This library is closed.*

ces for masculine and feminine plural **les** nouns

Ces garçons sont nuls.	*These boys are horrid.*
Ces chaussures sont trop petites.	*These shoes are too small.*

Add **-ci** or **-là** to the end of the noun to emphasise 'this/that' and 'these/those':

Cet anorak-là est laid, mais cet anorak-ci est beau.
That jacket is ugly, but this jacket is nice.

J'aime ces chaussures-ci mais je déteste ces chaussures-là.
I like these shoes, but I hate those shoes.

Test yourself

Fill in the gaps with ce, cet, cette **or** ces.

Exemple: a) J'adore ce parfum.

a) J'adore .... parfum.

b) Avez-vous pris .... pastilles?

c) .... pharmacie est très bonne.

d) Je ne veux pas manger .... œuf.

e) .... vandalisme à l'école est affreux.

f) Je n'aime pas .... veste-ci.

g) Est-ce que je peux manger .... abricot-là?

h) J'aimerais acheter .... baskets.

i) Avez-vous .... sweat-shirt en bleu?

j) Je n'ai pas regardé .... film.

Check the facts

Comparatives

For '*more . . . than*' use **plus** (+ adjective or adverb) **que**:

Il est plus grand que vous. *He is bigger than you.*
Je suis plus fort que toi. *I am stronger than you.*

For '*less . . . than*' use **moins** (+ adjective or adverb) **que**:

Paul est moins grand que Fabrice. *Paul is smaller than Fabrice*
Marc est moins fort que Luc. *Marc is less strong than Luc*

For '*as . . . as*' use **aussi** (+ adjective or adverb) **que**:

Sophie est aussi grande que Hélène. *Sophie is as big as Hélène.*
Il est aussi fort que son frère. *He is as strong as his brother.*

Superlatives

For '*the most/least*' use **le/la/les plus/moins** + adjective/adverb:

C'est la maison la plus grande. *It's the biggest house.*
Le garçon le moins riche. *The least rich boy.*

Bon (*good*) and **mauvais** (*bad*) are exceptions:

Il peut faire mieux. *He can do better.*
X est meilleur que Y. *X is better than Y.*
C'est le meilleur chocolat. *It's the best chocolate.*
X est pire que Y. *X is worse than Y.*
C'est la pire chose. *It's the worst thing.*

Test yourself

Translate these sentences into French.

Exemple: a) Robert est meilleur que Sophie en natation.

a) Robert is better at swimming than Sophie. (est meilleur)

b) I eat as quickly as you. (manger vite)

c) I am less intelligent than you. (être intelligent)

d) German is more boring than French. (être ennuyeux)

e) Biology is the most interesting subject. (être intéressant)

f) I'm as polite as you.

g) It's the worst film.

h) It's the biggest cake.

i) I play football better than Jean.

j) He is the least lively boy in the class.

Check the facts

Subject pronouns tell you who is doing the action of the verb.

je	*I*
j'	*I* (before a, e, i, o, u, h, y)
tu	*you* (a friend, relative, child)
il	*he*
elle	*she*
on	*one/you/we*
nous	*we*
vous	*you* (more than one person, an adult)
ils	*they* (masculine or mixed gender plural)
elles	*they* (feminine plural)

To emphasise a person, use the following emphatic pronouns.

moi	*me*	**nous**	*us, we*
toi	*you*	**vous**	*you*
lui	*him, he*	**eux**	*them, they* (m. plural)
elle	*her, she*	**elles**	*them, they* (f. plural)

C'est moi.	*It's me.*
J'y vais avec eux.	*I'm going there with them.*
Je suis devant lui.	*I am in front of him.*

You also use these after expressions such as: **c'est** (*it's*), **devant** (*in front of*), **avec** (*with*), **sans** (*without*), **chez** (*at the house of*) and in commands (**donnez-moi!**).

h

Use the pronoun y (*to there*) instead of à or en plus a place:

Je vais à Paris.	*I'm going to Paris.*
J'y vais.	*I'm going there.*

Use the pronoun en (*some, any*) instead of du, de la, des plus a noun:

Tu as des oranges?	*Have you got some oranges?*
J'en ai.	*I've got some.*

Test yourself

Fill in the correct pronoun. Exemple: a) Il habite à Nice.

a) Paul a une grande maison. .... habite à Nice.

b) J'ai une sœur. Mais .... est très ennuyeuse.

c) Je suis fille unique mais .... ai deux chiens.

d) Monsieur Descartes, avez- .... un stylo?

e) Tout le monde: .... ne doit pas sortir le soir.

f) Je te présente Sophie. J'habite avec ....

g) Âllo, c'est .... à l'appareil, Pierre!

h) Voilà Georges et Henri. Je vais au cinéma avec ....

i) Je t'adore. Je ne peux pas vivre sans ....

j) Je vais à Londres. J' .... vais souvent.

Grammar

Check the facts

Use qui (who, which, that) to replace a noun that is the subject of the verb (i.e. doing the action of the verb).

J'ai un chien. Mon chien a deux ans. *I've got a dog. My dog is two.*

J'ai un chien qui a deux ans. *I've got a dog who is two.*

Use que (who(m), which, that) to replace a noun that is the object of the verb (i.e. having the action of the verb done to it).

J'ai un chien. J'adore mon chien. *I've got a dog. I love my dog.*

J'ai un chien que j'adore. *I've got a dog who I love.*

Use qu' instead of que before 'a', 'e', 'i', 'o', 'u' and 'h'.

C'est une fille qu'il n'aime pas. *It's a girl (who) he doesn't like.*

Use où to mean 'where'. You can use it to link two sentences or on its own.

J'habite une rue. Marc habite ici. *I live in a road. Marc lives here.*

J'habite une rue où Marc habite. *I live in a road where Marc lives.*

Voilà où j'habite. *Here's where I live.*

Use quoi to mean 'what'.

En quoi est cette statue? *What is this statue made of?*

Test yourself

Join the sentences using qui or que.

Exemple: a) J'ai une tante qui est plus jeune que moi.

a) J'ai une tante. Elle est plus jeune que moi.

b) Il connaît un homme. Cet homme est facteur.

c) Mon frère a un chat. Il adore son chat.

d) Elles ont une mère. La mère est très aimable.

e) Tu as acheté des cassettes. J'aime beaucoup ces cassettes.

f) J'ai regardé le téléfilm. Tu l'as trouvé si bon.

g) Vous avez une voiture. La voiture est moderne.

h) Ma mère m'a donné un cadeau. Je n'aime pas ce cadeau.

i) J'ai visité la mairie. Tu as visité la mairie hier.

j) J'ai lu un roman. J'ai trouvé le roman passionnant.

Check the facts

Use a direct object pronoun to replace a noun (not the subject of the verb though). Direct pronouns come before the verb. In the perfect tense, they come before the auxiliary verb (avoir or être).

me (m')	*me*	**nous**	*us*
te (t')	*you*	**vous**	*you*
le (l')	*him, it* (masculine)	**les**	*they*
la (l')	*her, it* (feminine)		

Tu me regardes.	*You look at me.*
Je la trouve super.	*I think she's great.*
Je les ai visités hier.	*I visited them yesterday.*

In the last example, because the pronoun 'les' is plural, the past participle (visité) must agree with it, so you must add an 's'. The same applies if the preceding direct object pronoun is feminine, e.g. la lettre . . . je l'ai reçue.

Use an indirect pronoun with expressions like parler à (to talk to), donner à (to give to), téléphoner à (to phone) and dire à (to talk to). In the perfect tense, indirect pronouns come before the auxiliary verb (avoir or être).

me (m')	*to me*	**nous**	*to us*
te (t')	*to you*	**vous**	*to you*
lui	*to him/her, it*	**leur**	*to them*

Tu me passes le sel?	*Could you pass me the salt?*
Tu m'as donné un cadeau.	*You gave me a present.*
Je lui ai dit au revoir.	*I said goodbye to her.*
Je leur parle toujours.	*I always talk to them.*

Test yourself

Shorten the sentences by using an object pronoun.

Exemple: a) Je l'achète au magasin.

a) J'achète une cassette au magasin.
b) Je rends visite à ma grand-mère tous les jours.
c) Je trouve la chemise trop grande.
d) Je vois Eric en ville.
e) Elle n'a pas vu les enfants.
f) Je ne donne rien au garçon.
g) Je parle souvent à mes parents.
h) Il a dit deux mots à sa sœur.
i) Nous avons donné un cadeau à notre fille.

The questions are translated below. If you do not understand some of the other words, look them up in your dictionary.

01 Exam instructions

Traduisez ces phrases en anglais. *Translate these sentences into English.*

a) Match the pictures to the words. b) Complete the sentences in French. c) Choose the correct answer from the list. d) Indicate whether the sentences are true or false. e) Fill in the grid in English. f) Look at these details. g) Write ten sentences. h) Read this advert.

06 Learning the vocabulary

Comment ça se dit en anglais? Apprenez ces verbes en utilisant des idées sur cette page. *How do you say it in English? Learn these verbs using the ideas on this page.*

a) to read, b) to write, c) to discuss, d) to chat, e) to understand, f) to talk, g) to ask, h) to tell, i) to say, j) to phone

07 Giving your opinion

Donnez une opinion sur ces choses. *Give an opinion on these things.*

(*suggestions*) a) Je trouve la natation ennuyeuse. b) J'adore la chimie. c) J'aime le cinéma, c'est formidable. d) Je déteste les chiens, je préfère les chevaux. e) J'adore les romans romantiques, je les trouve très intéressants. f) Je n'aime pas les profs, ils sont trop sévères! g) J'aime bien aller à la piscine parce que j'adore nager. h) Londres, c'est super! Il y a beaucoup de choses à faire. i) Je déteste aller chez le médecin. j) Je n'aime pas faire les devoirs, c'est barbant!

08 Discussing issues

Lisez les phrases. Ces personnes, sont-elles pour (P) ou contre (C) la peine de mort? *Read these sentences. Are these people for (P) or against (C) the death penalty?*

a) C, b) P, c) P, d) C, e) C, f) C

09 Question words

Posez les questions. *Ask questions.*

a) Tu as un chat? Est-ce que tu as un chat? As-tu un chat? Tu as un chat, n'est-ce pas? b) Vous habitez en France? Est-ce que vous habitez en France? Habitez-vous en France? Vous habitez en France, n'est-ce pas? c) Tu aimes les films dramatiques? Est-ce que tu aimes les films dramatiques? Aimes-tu les films dramatiques? Tu aimes les films dramatiques, n'est-ce pas? d) Il joue au football le week-end? Est-ce qu'il joue au football le week-end? Joue-t-il au football le week-end? Il joue au football le week-end, n'est-ce pas? e) Son père est facteur? Est-ce que son père est facteur? Son père, est-il facteur? Son père est facteur, n'est-ce pas? f) Ils détestent aller à l'école? Est-ce qu'ils détestent aller à l'école? Détestent-ils aller à l'école? Ils détestent aller à l'école, n'est-ce pas? g) Elle a trouvé son sac? Est-ce qu'elle a trouvé son sac? A-t-elle trouvé son sac? Elle a trouvé son sac, n'est-ce pas? h) Tu as visité le château? Est-ce que tu as visité le château? As-tu visité le château? Tu as visité le château, n'est-ce pas? i) Elles ont mangé des glaces? Est-ce qu'elles ont mangé des glaces? Elles ont mangé des glaces n'est-ce pas? j) Il a trouvé un emploi? Est-ce qu'il a trouvé un emploi? A-t-il trouvé un emploi? Il a trouvé un emploi, n'est-ce pas?

10 Writing a letter

Complétez la lettre en vous aidant des mots de la liste ci-dessus. *Complete the letter using the words from the list above to help you.*

a) Paris, le 12 novembre,
b) Chère, c) Comment vas-tu?
d) Merci pour ta lettre.
e) Grosses bises/A bientôt! f) Ton

11 Days and dates

C'est quelle date? *What date is it?*

(*suggestions*) a) C'est le vingt-

quatre février/le seize avril.
b) C'est le quatorze août/le premier novembre. c) C'est l'été/l'automne/l'hiver/le printemps. d) C'est le jeudi/le mardi/le dimanche. e) Je suis né(e) le vingt et un janvier, mille neuf cent soixante-quinze (1975). f) Cette année, le jour de Noël tombe le mardi/dimanche.

12 Numbers (1–70)

C'est quel chiffre? *What number is it?*

a) 12, b) 21, c) 13, d) 53, e) 4,
f) 17, g) 19, h) 68, i) 2, j) 35

13 Numbers (70+) and first, second . . .

C'est quel chiffre? *What number is it?*

a) 123, b) 1146, c) eighth,
d) 221, e) 79, f) fourth, g) 1019,
h) 87, i) 3033, j) 97

14 Telling the time

Quelle heure est-il? *What time is it?*

a) Il est seize heures douze.
b) Il est vingt-trois heures quarante-cinq. c) Il est six heures quinze. d) Il est vingt et une heures. e) Il est quatorze heures.
f) Il est douze heures trente.

a) Il est deux heures moins le quart. b) Il est quatre heures et demie. c) Il est huit heures.
d) Il est neuf heures moins dix.
e) Il est onze heures et quart.
f) Il est dix heures vingt.

15 Countries and nationalities

De quelle nationalité sont-ils? Où habitent-ils? *What nationality are they? Where do they live?*

a) Elle est italienne. Elle habite en Italie. b) Il est anglais. Il habite en Angleterre. c) Elle est française. Elle habite en France. d) Il est américain. Il habite en Amérique/aux Etats-Unis. e) Il est écossais. Il habite en Ecosse. f) Elle est belge. Elle habite en Belgique. g) Elle est canadienne. Elle habite au Canada. h) Il est gallois. Il habite au Pays de Galle. i) Elle est allemande. Elle habite en Allemagne. j) Il est espagnol. Il habite en Espagne.

16 Quantities and materials

Qu'est-ce que c'est? *What is it?*

a) une tranche de jambon,
b) une douzaine d'œufs,
c) un kilo de carottes, d) une bouteille de vin, e) un litre d'eau, f) un pot de confiture,
g) une boîte de chocolats

17 Sizes and colours

Décrivez ces personnes en utilisant des mots de la liste ci-dessus. *Describe these people using the words above.*

(*suggestions*) a) Mon meilleur ami est mince et petit. Il a les cheveux blonds et les yeux verts. Il a un visage rond. Il porte un pantalon court et un pullover gris. b) Ma sœur est petite. Elle porte des lunettes. Elle habite à Londres. Elle a les cheveux marron et les yeux bleus. Aujourd'hui, elle porte une robe rouge et une veste noire.
c) J'aime Russell Crowe. Il est australien. Il est un peu gros avec les cheveux courts. En plus, j'adore Gladiator!

18 Personal details

Remplissez la carte d'identité avec vos détails. *Fill in the identity card with your details.*

(*suggestions*) 1) Smith 2) Peter 3) Garçon 4) Célibataire 5) 17, rue de l'Eglise, Norwich, Angleterre 6) Britannique 7) 18 8) 11 avril 1983 9) blonds 10) bleus 11) 1 mètre 60 12) un chien, une souris

19 Family

Trouvez les paires et faites la liste en anglais. *Find the pairs and make a list in English.*

a) maman (*mum*) – 3) papa (*dad*); b) le père (*father*) – 13) la mère (*mother*), c) la tante (*aunt*) – 2) l'oncle (*uncle*); d) la sœur (*sister*) – 1) le frère (*brother*); e) la belle-mère (*stepmother*) – 10) le beau-père (*stepfather*); f) le cousin (*male cousin*) – 9) la cousine (*female cousin*); g) le neveu (*nephew*) – 5) la nièce (*niece*); h) la femme

(*wife*) – 6) le mari (*husband*);
i) le grand-père (*grandfather*) –
7) la grand-mère (*grandmother*);
j) la demi-sœur (*half sister*) –
8) le demi-frère (*half brother*);
k) la fille (*daughter*) – 11) le fils
(*son*); l) l'enfant (*child*) – 12)
l'adulte (*adult*); m) le beau-frère
(*step brother*) – 4) la belle-sœur
(*step sister*)

Lisez le texte et notez les membres
de la famille d'Hélène. *Read the text
and note down the members of
Hélène's family.*

une mère, un beau-père, une
sœur, deux demi-frères, un père,
une belle-mère, un demi-frère

20 Characteristics

Répondez aux questions en
français. *Answer the questions in
French.*

a) Martine, b) Alain, c) non,
d) jolie et sympa, e) 17 ans

21 Sport

Répondez aux questions en anglais.
Answer the questions in English.

a) (*any seven*) heated pool,
children's pool, sauna, solarium,
gym, 10 tennis courts, games
room, café-bar, crèche, b) yes

Lisez le texte et écrivez les lettres
a–h dans le bon ordre selon le texte.
*Read the text and write the letters
a–h in the right order according to
the text.*

f, c, h, d, b, g, a, e

22 Hobbies

Lisez l'article et faites correspondre
les phrases 1–5 aux phrases a–e.
*Read the article and match
sentences 1–5 to sentences a–e.*

1c, 2a, 3e, 4d, 5b

23 At home

Faites trois listes et traduisez-les en
anglais. *Makes three lists and
translate them into English.*

a) le salon (*lounge*), le bureau
(*study*), la salle de bains
(*bathroom*), la salle de séjour
(*living room*), le balcon
(*balcony*), le studio (*studio*),
les WC (*toilet*), la cuisine
(*kitchen*), la salle à manger
(*dining room*), le garage
(*garage*), la cave (*cellar*)

b) l'armoire (*cupboard or
wardrobe*), la chaîne-stéréo
(*hi-fi*), la chaise (*chair*), la plante
(*plant*), le miroir (*mirror*),
la cuisinière à gaz (*gas cooker*),
la douche (*shower*), le fauteuil
(*armchair*), le four à micro-
ondes (*microwave oven*),
la lampe (*lamp*), le lavabo
(*washbasin*), le lit (*bed*),
la machine à laver (*washing
machine*), le frigo (*fridge*),
les meubles (*furniture*),
le placard (*cupboard*)

c) la porte (*door*), la fenêtre
(*window*), l'escalier (*stairs*),
les rideaux (*curtains*), le tapis
(*carpet*), le chauffage central
(*central heating*), le mur (*wall*)

Answers

BBC GCSE Check and Test: French

24 Around my home

Lisez les phrases et écrivez P (positif), N (négatif) ou P+N (positif et négatif). *Read the sentences and write P (positive), N (negative) or P+N (positive and negative).*

a) P, b) P, c) P+N, d) P, e) P, f) N, g) P, h) P+N, i) P, j) N, k) P, l) N

25 Helping at home

Lisez les textes et répondez aux questions. *Read the texts and answer the questions.*

a) Isabelle, b) parce qu'elle travaille en ville, c) oui, d) tout, e) quand il lave la voiture/ pendant les vacances, f) nul

26 Staying with a penfriend

Lisez les phrases et écrivez P (positif), N (négatif) ou P+N (positif et négatif). *Read the sentences and write P (positive), N (negative) or P+N (positive and negative).*

a) P, b) N, c) N, d) P+N, e) N, f) P, g) P+N, h) N, i) N, j) P

27 In the classroom

Que demande le prof? *What is the teacher asking?*

a) Pay attention. b) Spell 'cahier', please. c) Ask questions. d) Make up a dialogue. e) Describe your school day. f) Draw a picture. g) Copy from the board. h) Work with a partner. i) Look at the text on page 34. j) Listen to the tape twice.

28 School routine

Prenez des notes en anglais sur la journée au collège de Florence. Puis donnez votre avis sur sa journée et vos raisons. *Take notes in English on Florence's day at school. Then give your opinion on her day and your reasons.*

7.30 wakes up, 7.45 gets up, washes/dresses, 8.00 has breakfast, brushes teeth, goes to school, 8.30 first lesson, 9.30 second lesson, 10.30 break, two more lessons, lunch break, 4.00 lessons finish, goes home, has teatime snack, does homework for two hours, 8.00 dinner, watches TV or reads, 10.00 has a bath, goes to bed

29 School timetable

Identifiez les trois phrases vraies. *Identify the three correct sentences.*

b), d), f)

30 Types of school and facilities

Lisez les affiches. Quelle affiche lisent ces élèves? *Read the notices. Which notice do these pupils read?*

a) affiche 3, b) affiche 1, c) affiche 2, d) affiche 3, e) affiche 4, f) affiche 1

31 School rules and problems

Trouvez-vous ces règles justes (J) ou pas justes (PJ)? Donnez vos raisons. *Do you think these rules are fair (J) or not fair (PJ)? Give your reasons.*

(*suggestions*) 1) J – Si on veut avoir de bonnes notes, il faut faire les devoirs et apprendre beaucoup de choses. 2) J – Il est important d'arriver à l'école à l'heure pour le début du premier cours. 3) PJ – Quand il fait très chaud, on devrait avoir le droit de porter un short. (avoir le droit de = *to have the right to*)
4) J – J'essaie d'être poli envers tout le monde. 5) J – On peut manger dans la cantine ou dehors, alors ce n'est pas nécessaire de manger dans la bibliothèque. 6) J – C'est juste parce que c'est mauvais pour la santé. 7) PJ – Tout le monde a le droit de se maquiller!
8) PJ – On devrait s'habiller comme on veut.

32 Further studies

Faites correspondre 1–3 à a–c. *Match 1–3 to a–c.*

1) c, 2) b, 3) a

33 Travelling

Faites correspondre les panneaux 1–8 aux mots a–h. *Match signs 1–8 to letters a–h.*

1c, 2g, 3h, 4b, 5a, 6e, 7f, 8d

34 Buying a train ticket

Vous êtes au guichet à la gare. Adaptez ce dialogue pour acheter les billets b–d. *You are at the ticket office at the station. Adapt this dialogue to buy tickets b–d.*

a) un aller simple pour Calais, deuxième classe, non-fumeur, 65 euros 96, il faut changer à Paris, du quai numéro onze, à dix heures dix, b) un aller retour pour Dieppe, première classe, fumeur, 118 euros 90, c'est direct, du quai numéro quinze, à douze heures seize, c) trois aller retours pour Nice, deuxième classe, non-fumeur, 360 euros, il faut changer à Marseille, du quai numéro deux, à sieze heures vingt-sept, d) deux aller simples pour Tours, deuxième classe, non-fumeur, 216 euros 90, c'est direct, du quai numéro trois, à neuf heures quarante-cinq

35 Places in town

Lisez la lettre et mettez les illustrations dans le bon ordre. *Read the letter and put the illustrations in the right order.*

d, a, e, b, c, f

36 Asking the way

Regardez le plan et lisez les bulles. C'est quel numéro la mairie? *Look at the map and read the speech bubbles. Which number is the town hall?*

numéro 5

37 Travelling by car (accident)

Faites correspondre les affiches 1–4 aux personnes a–e. *Match notices 1–4 to people a–e.*

> a) affiche 4, b) affiche 1,
> c) affiche 2, d) affiche 3,
> e) affiche 4

38 Describing a past journey

Décrivez ce voyage pour aller rendre visite à votre correspondant. *Describe this journey to visit your penfriend.*

> (*suggestion*) Le samedi dernier, je suis allé chez mon correspondant en France. J'ai quitté la maison à dix heures et j'ai pris le train à Londres pour aller à Paris. A Paris, j'ai pris le TGV à destination de Strasbourg. Je suis allé de Strasbourg à Mulhouse en bus. Mon correspondant m'a ramassé à la gare routière. Nous avons parti en voiture et finalement, nous sommes arrivés chez lui à neuf heures et demie. J'étais très fatigué!

39 At the youth hostel/campsite

Lisez le dialogue et répondez aux questions. *Read the dialogue and answer the questions.*

> a) une tente, b) 3, c) 3, d) au coin du camping/près du bloc sanitaire, e) 360 euros, f) au village

40 Hotel facilities

Faites correspondre les images 1–8 aux panneaux a–h. *Match images 1–8 to signs a–h.*

> 1f, 2b, 3c, 4g, 5d, 6a, 7h, 8e

41 Hotel booking letter

Répondez aux questions en français. *Answer the questions in French.*

> a) le 12 janvier, b) une chambre double et une chambre de famille, c) le 24 mars, d) le 29 mars, e) oui, f) une vue sur le lac et un balcon

42 Tourism

Regardez ces publicités. Quelles vacances recommanderiez-vous à ces personnes? Donnez vos raisons. *Look at these adverts. Which holidays would you recommend to these people? Give your reasons.*

> a) vacances 3 – parce qu'il y a beaucoup de magasins et cafés, b) vacances 2 – parce que les Alpes sont tranquilles c) vacances 1 – parce qu'ils peuvent nager et rester à la plage, d) vacances 1 ou 3 – parce qu'ils peuvent jouer au football à la plage ou au parc

43 Describing a past journey

Décrivez ces vacances en français. *Describe this holiday in French.*

> (*suggestion*) L'été dernier, je suis allé en vacances. Je suis allé à Arcachon, près de Bordeaux. J'ai pris l'autobus et puis le train. J'ai passé quinze jours avec

mes grands-parents. Il faisait du soleil tout le temps et il faisait très chaud. J'ai nagé chaque jour et j'ai joué aux boules avec mon grand-père. J'ai visité un château et beaucoup d'églises. J'ai acheté des souvenirs et un t-shirt. Les vacances étaient supers parce qu'il faisait beau et j'ai passé beaucoup de temps avec mes grands-parents.

44 Weather

Faites correspondre les mots 1–8 dans le texte aux images a–h. *Match words 1–8 in the text to pictures a–h.*

1c, 2a, 3b, 4e, 5f, 6h, 7g, 8d

45 Reporting a loss/theft

Lisez la bulle et remplissez le formulaire en anglais. *Read the speech bubble and fill in the form in English.*

a) yesterday at 4pm,
b) someone stole a bag,
c) shopping centre in town,
d) quite big, brown leather, with the letters SW on the back,
e) wallet, keys, photos, passport

46 At the bank

Lisez les affiches. C'est quelle banque? *Read the notices. Which bank is it?*

a) Crédit Suisse, b) Crédit Agricole, c) Crédit Suisse, d) Crédit Suisse, e) Crédit du Nord, f) Crédit Suisse

47 At the Post Office

Lisez la conversation. Identifiez les trois phrases vraies. *Read the conversation. Identify the three correct sentences.*

c), e), f)

48 Food and drink

Où va-t-on cliquer pour acheter ces choses en ligne? *Where would you click to buy these items online?*

a) Confitures et miels,
b) Fromages, c) Charcuterie,
d) Desserts, e) Vins, f) Légumes,
g) Boissons, h) Gâteaux

49 Buying fruit and vegetables

Qu'est-ce que Monsieur T a acheté? *What did Monsieur T buy?*

panier c (*basket c*)

50 Eating out

Répondez aux questions en anglais. *Answer the questions in English.*

a) crudités or omelette, b) ham and cheese, c) chips/fries and salad, d) vanilla, strawberry, chocolate, f) 15 euros

51 Restaurant complaints

Répondez aux questions en français. *Answer the questions in French.*

a) Elle est malade. b) du poulet avec des pommes de terre et des petits pois, du cidre/de l'eau minérale, c) assez sale, d) affreux, e) le poulet était mal cuit

Answers

52 At the doctor's

Que disent ces gens? *What do these people say?*

a) J'ai mal à la tête. b) J'ai mal à la gorge. c) Je me suis cassé la jambe. d) Je suis fatiguée. e) Je me suis coupée le doigt. f) J'ai mal au ventre. g) J'ai un rhume/la grippe.

Est-ce que ces gens vont à ce centre médical? *Do these people go to this medical centre?*

a) non, b) oui, c) oui, d) non

53 Healthy living

Traduisez les questions et réponses sur ce site on anglais. *Translate the questions and answers on this site into English.*

Question 1: Do you know of a diet that consists of eating cabbage soup with fruit?
Answer: I know of an even better one! Dry bread and water! You'll see how easy it is to lose weight! Weight loss is guaranteed!

Question 2: People say you should eat a light evening meal, but is that light in calories or quantity?
Answer: Calories, of course. Choose soup followed by vegetables (steamed). Avoid pizza, toasted sandwiches, pancakes, pasta, potatoes ...

54 Television and music

Répondez aux questions. *Answer the questions.*

a) 3, b) 1, c) 2, d) 4, e) 5, f) 6

55 Going to the cinema

C'est quel film? *What film is it?*

a) Scarfies, b) Chez les heureux du monde, c) Djomeh, d) Home sweet home, e) Jeu de cons, f) Traffic

56 Going to the theatre/reading

Lisez le texte et faites l'exercise. *Read the text and do the exercise.*

a) Soulignez au moins cinq adjectifs dans le texte et traduisez-les en anglais. *Underline at least five adjectives in the text and translate them into English.*

(*any five*) fantastique (*fantastic*), intéressant (*interesting*), passionnant (*exciting*), jeune (*young*), décevante (*disappointing*), compliquée (*complicated*), ennuyeuse (*boring*), déçu (*disappointed*), triste (*sad*), fâché (*angry*)

b) Notez les différences que Michel a trouvées entre le roman et la pièce de théâtre 'Chance pour tout'. *Note the differences that Michel found between the novel and the play 'Chance pour tout'.*

le roman: fantastique, intéressant, passionnant, bon; la pièce de théâtre: compliquée, ennuyeuse

57 Invitations to an event

Lisez le dialogue et notez ces choses. *Read the dialogue and note these things.*

a) aller au cinéma, b) samedi, c) 8 heures 10, d) 8 heures, e) devant le cinéma

58 Personalities

Remplissez la fiche d'identité avec ces détails. *Fill in the identity card with these details.*

1 c) Zidane, 2 f) Zinedine, 3 h) France, 4 g) 23/06/72, 5 d) 1m 85, 6 b) 80 kg, 7 e) femme et deux enfants, 8 a) joueur de football célèbre

59 Festivals

Lisez le texte et choisissez la bonne réponse. *Read the text and choose the right answer.*

a) 2, b) 3, c) 1, d) 2, e) 2

60 Buying clothes

Faites correspondre les questions 1–4 aux réponses a–d. *Match questions 1–4 with answers a–d.*

1b, 2a, 3c, 4d

61 Shops

Faites correspondre les achats 1–9 aux mots a–i. *Match purchases 1–9 with words a–i.*

1b, 2g, 3e, 4d, 5h, 6c, 7a, 8f, 9i

Regardez le panneau et notez le bon rayon pour acheter les choses a–i. *Look at the notice and note the right department to buy items a–i.*

a) Troisième étage, b) Premier étage, c) Deuxième étage, d) Premier étage, e) Rez-de-chaussée, f) Troisième étage, g) Deuxième étage, h) Rez-de-chaussée, i) Sous-sol

62 Friendships

Lisez les textes. C'est Angela, Thierry, Anne ou Paul? *Read the texts. Is it Angela, Thierry, Anne or Paul?*

a) Angela, b) Angela, c) Thierry, d) Anne, e) Paul, f) Paul, g) Paul

63 Parent/child conflicts

Lisez les phrases. Ecrivez P (positif), N (négatif) ou P+N (positif et négatif). *Read the sentences. Write P (positive), N (negative) or P+N (positive and negative).*

a) N, b) N, c) N, d) P, e) P+N, f) N, g) P+N, h) N, i) P, j) N

64 Teenage concerns

Faites correspondre les problèmes 1–3 aux conseils a–c. *Match problems 1–3 with advice a–c.*

1c, 2a, 3b

65 Smoking, alcohol and drugs

C'est pour quelle question? *Which question do these sentences go with?*

a) Question 3, b) Question 1, c) Question 2

66 Environmental problems

Lisez l'article et notez ces choses en anglais. *Read the article and note these things in English.*

a) *(any four)* people, animals, flowers, forests, monuments, b) exhaust fumes, forest fires, industry, c) *(any three)* acid rain, smog, reduction of the ozone layer, greenhouse effect, d) no protection from UV rays, rising temperatures

67 Environmental actions

use recyclable shopping bags

68 Part-time jobs

C'est Léo ou Martine? *Is it Léo or Martine?*

a) Martine, b) Léo, c) Martine, d) Léo, e) Léo

69 Work-experience (office)

Notez trois choses qu'Emile a faites pendant le stage. Notez aussi son opinion. *Note three things that Emile did during his training. Note his opinion as well.*

(any three) faisait du café, distribuait le courrier, faisait des photocopies, allait acheter des sandwiches, allait à la poste pour acheter des timbres;

Il pense que le stage était nul et les gens étaient horribles.

70 Jobs

Identifiez les six phrases vraies. *Identify the six correct sentences.*

b), d), e), h), i), j)

Trouvez les 10 métiers dans la grille. Qu'est ce que cela signifie en anglais? *Find 10 jobs in the wordsearch. What do they mean in English?*

a) médecin (doctor), b) serveur (waiter), c) professeur (teacher), d) facteur (postman), e) vendeuse (sales assistant), f) coiffeuse (hairdresser), g) dentiste (dentist), h) épicière (grocer), i) caissière (cashier), j) infirmière (nurse)

Notice that e) vendeuse, *f)* coiffeuse *h)* épicière *and i)* caissière *are all feminine forms of* vendeur, coiffeur, épicier *and* caissier.

```
C A I S S I E R E I L P
O W N C R N G D H B M P
I V E N D E U S E E L R
F S B J O K M E D V X O
F A C T E U R D A E A F
E U T Y D E N T I S T E
U M C T N C A R O P V S
S E R V E U R G T F E S
E A Y R E P I C I E R E
M E D E C I N E M D I U
F I N F I R M I E R E R
```

71 Job application

Répondez aux questions en anglais. *Answer the questions in English.*

a) job offer, b) he's applying for the job, c) nowhere/he's unemployed, d) he liked helping visitors and making their stay more enjoyable, e) his CV, f) salary, days off and working hours

72 Future plans

C'est Henri, Michel ou Nabila? *Is it Henri, Michel or Nabila?*

a) Michel, b) Nabila, c) Henri, d) Michel, e) Nabila, f) Henri

73 Masculine and feminine nouns

a) le/un climat, b) la/une paire, c) le/un trou, d) l'/un achat, e) la/une surprise, f) le/un programme, g) le/un logement, h) l'/une offre, i) le/un métier, j) la/une queue

74 Plural nouns

a) trois poires, b) quatre carottes, c) trois bananes, d) deux choux, e) deux ananas, f) deux gâteaux, g) trois œufs

75 Du, de la, des, de

a) des frites, b) du chocolat, c) de la limonade, d) jamais de bœuf, e) de l'eau minérale, f) des pâtes, g) du vin, h) des carottes, i) de l'huile, j) d'alcool

76 Adjectives

a) sympa, b) bleus, c) vieille, d) petites, e) mauvais, f) ennuyeuse, g) sales, h) moche

77 Prepositions

a) dans, b) sous, c) à côté de, d) sur, e) derrière, f) avec, g) là-bas, h) au fond du, i) après, j) pendant

78 Conjunctions

(*suggestions*) a) J'aime écouter de la musique et aller aux boums. b) J'aime bien la robe mais elle est trop petite. c) La voiture est tombée en panne parce que nous n'avons plus d'essence. d) Ce soir, je fais les devoirs et je regarde le télé. e) A six heures je me lève puis/et à six heures dix je me lave. f) Le match était nul alors/donc j'ai quitté le stade immédiatement. g) Cet été, j'ai rendu visite à ma grand-mère puis/et/alors je suis allé à Lyon. h) Le café est formidable car/parce que/et on y vend des glaces fantastiques. i) Elles étaient heureuses car/parce qu'elles ont vu leur chanteur favori. j) Je suis végétarian mais/cependant je voudrais manger un steak.

79 Verbs with an infinitive

a) Je peux courir vite. b) J'aime jouer au basketball. c) Je dois faire mes devoirs. d) Je veux aller en Allemagne. e) Je déteste écouter de la musique. f) J'aime faire des promenades. g) Je vais en ville pour aller au cinéma. h) Je préfère manger des fruits. i) J'espère aller à la boum. j) Je mange du potage pour rester en forme.

80 Referring to the present, past and future

a) l'année prochaine,
b) le mercredi, c) après-demain,
d) aujourd'hui, e) hier, f) ce matin,
g) le mois dernier, h) en ce moment, i) l'hiver prochain,
j) demain

81 Avoir and être

a) Il a, b) Nous avons, c) As-tu,
d) Elles n'ont pas, e) Vous avez,
f) Il est, g) Nous sommes,
h) Je suis, i) Vous êtes, j) Ils sont

82 Present tense (regular)

a) j'écoute, tu écoutes, il/elle/on écoute, nous écoutons, vous écoutez, ils/elles écoutent,
b) j'habite, tu habites, il/elle/on habite, nous habitons, vous habitez, ils/elles habitent,
c) je parle, tu parles, il/elle/on parle, nous parlons, vous parlez, ils/elles parlent, d) je vends, tu vends, il vend, nous vendons, vous vendez, ils vendent,
e) je descends, tu descends, il/elle/on descend, nous descendons, vous descendez, ils/elles descendent,
f) je choisis, tu choisis, il choisit, nous choisissons, vous choisissez, ils choisissent

83 Present tense (irregular)

a) Je peux, b) Nous voulons,
c) Ils vont, d) Tu fais, e) Il boit,
f) On dort, g) Sortez-vous, h) Je prends, i) Il lit, j) Je ne te vois pas

84 Imperative

a) Regarde le tableau! b) Allez à gauche! c) Prends la première rue à droite! d) Faites attention!
e) Ne perdez pas cette montre!
f) Envoyez les lettres!
g) N'achète pas cette voiture!
h) N'ayez pas peur!

85 Perfect tense

a) joué, b) vendu, c) quitté,
d) eu, e) attendu, f) dormi,
g) été, h) lu, i) mis, j) fait

a) J'ai posé, b) Le marchand a vendu, c) Il est tombé, d) Tu as dû rester, e) Elles sont arrivées,
f) Nous sommes descendu(e)s,
g) J'ai bu, h) Elle s'est couchée,
i) Vous avez mangé, j) Ils se sont intéressés

86 Imperfect tense

a) je jouais, b) il était, c) nous avions, d) elle pensait,
e) je voulais, f) tu demandais,
g) on écrivait, h) vous portiez,
i) elles faisaient, j) j'avais

87 The future: je vais aller

(suggestions) a) Demain, je vais visiter le château, ou je vais aller en ville. b) Ce matin, il va aller chez le dentiste. c) Maintenant,

on va écouter de la musique.
d) Ce soir, vous allez faire du shopping. e) Aujourd'hui, elles vont jouer au tennis. f) Dans un instant, tu vas prendre le bus.
g) Bientôt, ils vont partir en vacances. h) Après-demain, nous allons acheter une voiture.

88 Future tense

a) je jouerai, b) il sera, c) nous aurons, d) elle pensera,
e) je voudrai, f) tu demanderas, g) on écrira, h) vous devrez,
i) elles feront, j) j'aurai

89 Conditional tense

a) Je voudrais, b) Il voudrait, c) Nous aimerions, d) Je voudrais, e) Vous aimeriez, f) je jouerais, g) j'irais, h) ils resteraient, i) elles seraient, j) il pourrait

90 Pluperfect tense

a) il avait regardé la télé,
b) elle avait visité le musée,
c) Nous étions allé(e)s à Paris,
d) Nous avions déjà quitté la maison, e) je ne l'avais pas reçue, (*because the preceding direct object pronoun refers to 'la lettre', which is feminine, you must add an 'e' after the past participle ('reçue')* f) nous avions déjà vu le film,
g) elle avait acheté un nouvel appareil-photo, h) j'avais déjà trouvé un partenaire, i) il avait perdu son billet

91 Reflexive verbs

(*suggestions*) a) Je m'intéresse, b) Il s'amuse, c) Nous nous retrouvons, d) Elles se couchent, e) Je m'excuse, f) Tu te réveilles, g) Vous vous asseyez, h) je me suis baigné(e), i) elle s'est disputée, j) je ne me suis pas bien entendu(e)

92 Verbs with de/à and an infinitive

(*suggestions*) a) Je suis en train d'écrire une lettre. b) Le soir, je passe le temps à regarder la télé. c) J'ai decidé d'aller en ville. d) Mes parents ne me permettent pas de boire de l'alcool. e) J'ai choisi de rester chez moi. f) J'essaie toujours de faire mes devoirs. g) Pendant les vacances, j'ai envie d'aller à la plage.

93 Negatives

a) Je ne suis pas français. b) Je n'aime pas aller en vacances.
c) Je n'ai vu personne. d) Je n'ai plus d'abricots. e) Je ne connais personne. f) Je ne vais jamais au café. g) Je ne bois pas de vin. h) Je n'ai pas de frère. i) Je n'ai pas d'amis.
j) Je n'ai jamais rendu visite à mes grands-parents.

94 Adverbs

a) tout de suite, b) lentement, c) normalement, d) toujours,

e) bien, f) souvent, g) déjà,
h) très, i) trop, j) assez

95 Possessive adjectives: mon, ma, mes

a) ma sœur, b) son
porte-monnaie, c) leurs
nouveaux vêtements,
d) ta montre, e) notre maison,
f) vos lettres, g) mes cousins,
h) son ami, i) leurs devoirs,
j) votre père

96 Demonstrative adjectives: ce, cet, cette, ces

a) ce parfum, b) ces pastilles,
c) cette pharmacie, d) cet œuf,
e) ce vandalisme, f) cette
veste-ci, g) cet abricot-là, h) ces
baskets, i) ce sweat-shirt,
j) ce film.

97 Comparatives and superlatives

a) Robert est meilleur que
Sophie en natation. b) Je mange
aussi vite que toi/vous. c) Je suis
moins intelligent(e) que toi/vous.
d) L'allemand est plus ennuyeux
que le français. e) La biologie
est le sujet le plus intéressant.
f) Je suis aussi poli(e) que
toi/vous. g) C'est le pire film.
h) C'est le plus grand gâteau.
i) Je joue au football mieux que
Jean. j) C'est le garçon le moins
animé dans la classe.

98 Subject and emphatic pronouns

a) il, b) elle, c) j'ai, d) vous,
e) on, f) elle, g) moi, h) eux,
i) toi, j) J'y

99 Relative pronouns

a) J'ai une tante qui est plus
jeune. b) Il connaît un homme
qui est facteur. c) Mon frère a un
chat qu'il adore. d) Elles ont une
mère qui est très aimable.
e) Tu as acheté des cassettes
que j'aime beaucoup. f) J'ai
regardé le téléfilm que tu as
trouvé si bon. g) Vous avez une
voiture qui est moderne. h) Ma
mère m'a donné un cadeau que
je n'aime pas. i) J'ai visité la
mairie que tu as visité hier.
j) J'ai lu un roman que j'ai
trouvé passionnant.

100 Object pronouns

a) Je l'achète au magasin.
b) Je lui rends visite tous les
jours. c) Je la trouve trop
grande. d) Je le vois en ville.
e) Elle ne les a pas vus. f) Je ne
lui donne rien. g) Je leur parle
souvent. h) Il lui a dit deux mots.
i) Nous lui avons donné un
cadeau or Nous l'avons donné à
notre fille.